한자능력 검정시험

[5급(5Ⅱ), 6급(6Ⅱ)]

머리말

먼저 굳은 결심으로「한자능력검정시험」을 준비하기 위해 이 책을 선택해 첫 장을 펼친 수험생 여러분께 격려와 감사의 말을 전하고 싶다. 어떤 시험이건 간에 처음에는 막막하고 자신 없기는 누구나 마찬가지일 것이다. 특히 한자시험이라면 그 부담감은 더하리라 생각된다. 그동안 한자교육의 필요성은 여러 강한 비판과 목소리에도 불구하고 강조되어 온 것이 사실이다. 그것은 다름 아닌 한자는 국어와 더불어 우리 문학과 역사의 이해는 물론이고 나아가 21세기를 사는 지금도 실생활에 꼭 필요한 언어수단이 되고 있기 때문이다. 가까이 우리 주위를 둘러봐도 매일 아침 접하는 신문이나 간판, 자기를 소개하기 위해 주고 받는 명함 한 장에 이르기까지 우리 생활에 가까이 자리잡고 있음을 알 수 있다. 또한 세계화·국제화시대를 맞아 이제는 우리 이웃으로 자리잡은 중국과의 교역 확대 등으로 인해 한자교육의 중요성은 더 이상 강조하지 않아도 피부로 느끼고 있을 것이다. 이러한 이유로 인해 해를 거듭할수록「한자능력검정시험」이 남녀노소 누구나 응시할 수 있는 자격시험으로 자리잡아 가고 있다고 볼 수 있다. 본서는 누구나 쉽게 한자를 익히고 쓸 수 있도록 하자는데 가장 큰 역점을 두었으며, 또한 지금까지 시행되었던 실제문제를 철저히 분석하여 이 책 한 권만으로도 충분한 시험 준비가 될 수 있도록 구성하였다. 아무쪼록 여러분이 끝까지 최선을 다해 노력한다면 좋은 결과를 얻으리라 믿어 의심치 않으며, 여러분의 건투를 빈다.

차례

part 01 한자이해의 기초
01. 한자의 형성과 구조 ·· 10
02. 한자어의 기본구조 ·· 12
03. 한자의 부수 ·· 14

part 02 한자능력검정시섬 필수한자 해설
01. 5급선정 500字(6급 300字포함) 읽기 ·· 18
　　기출예상문제 ··· 92
02. 5급선정 300字(6급 150字포함) 쓰기 및 활용 ···························· 122
　　기출예상문제 ··· 186

part 03 한자어의 활용
01. 결합어 ··· 206
　　기출예상문제 ··· 214
02. 한자숙어 및 한자성어 풀이 ··· 222
　　기출예상문제 ··· 246

특징 및 구성

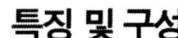

한자이해의 기초

본격적인 학습에 앞서 한자에 대한 기본적인 내용을 체계적으로 정리하여 수록했습니다.

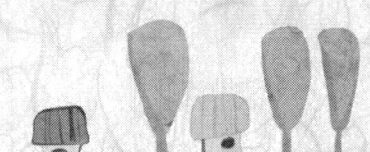

필수한자 해설

각 급수에 따른 필수한자의 음과 뜻, 활용 예를 수록하여 학습 효율을 높였습니다.

한자어의 활용

빈출 결합어, 한자숙어 및 한자성어 풀이를 정리하여 수록했습니다.

시험 안내

최근 한자교육의 열풍이 뜨겁게 불고 있다. 한자는 우리 생활에 가까이 자리잡고 있으며 세계화·국제화 시대를 맞아 한자학습의 절실한 필요성과 함께 한자교육의 중요성은 더욱더 강조된다. 특히 최근에는 점점 잊혀져 가는 한자를 되살리려는 노력이 전 사회적으로 확산되면서 각 기업체의 입사시험 및 공무원이나 정부투자기관 등의 필기시험과 면접시험에서도 한자능력테스트를 중요 선발기준으로 삼고 있어 한자능력의 필요성이 더더욱 강조된다. 이로 인해 해를 거듭할수록 한자능력시험의 응시열과 합격률이 높아져가고 있어 한자의 학습이 매우 중요하다 하겠다.

❶ **시행기관** … 사단법인
❷ **시험시기** … 년 4회 시행
❸ **응시자격** … 학력·경력 제한없이 누구나 응시 가능
❹ **출제내용** … 독음, 훈음, 한자쓰기, 장단음, 반의어(상대어), 완성형 부수, 동의어(유의어), 동음이의어, 뜻풀이, 약자, 필순, 한문
❺ **급수별 합격기준**

구분	특급·특급II	1급	2급·3급·3II	4급·4급II·5급	6급	6급II	7급	7급II	8급
출제문항수	200	200	150	100	90	80	70	50	60
합격문항수	160	160	100	70	63	56	49	35	42
시험시간	100	90	60	50	50	50	50	50	50

❻ **급수배정**

급수	읽기	쓰기	수준 및 특성
특급	5,978	3,500	國漢混用 古典을 불편 없이 읽고, 연구할 수 있는 수준 고급 (韓中 古典 추출한자 도합 5978자, 쓰기 3500자)
특급II	4,918	2,355	國漢混用 古典을 불편 없이 읽고, 연구할 수 있는 수준 중급 (KSX1001 한자 4888자 포함, 전체 4918자, 쓰기 2355자)
1급	3,500	2,005	國漢混用 古典을 불편 없이 읽고, 연구할 수 있는 수준 초급 (상용한자+준상용한자 도합 3500자, 쓰기 2005자)
2급	2,355	1,817	國漢混用 古典을 불편 없이 읽고, 연구할 수 있는 수준 초급 (상용한자+준상용한자 도합 3500자, 쓰기 2005자)
3급	1,817	1,000	고급 常用漢字 활용의 중급 단계 (상용한자 1817자-교육부 1800자 모두 포함, 쓰기 1000자)
3급II	1,500	750	고급 常用漢字 활용의 초급 단계(상용한자 1500자, 쓰기 750자)
4급	1,000	500	중급 常用漢字 활용의 고급 단계(상용한자 1000자, 쓰기 500자)
4급II	750	400	중급 常用漢字 활용의 중급 단계(상용한자 750자, 쓰기 400자)
5급	500	300	중급 常用漢字 활용의 중급 단계(상용한자 500자, 쓰기 300자)
5급II	400	225	중급 常用漢字 활용의 초급 단계(상용한자 400자, 쓰기 225자)
6급	300	150	기초 常用漢字 활용의 고급 단계(상용한자 300자, 쓰기 150자)
6급II	225	50	기초 常用漢字 활용의 중급 단계(상용한자 225자, 쓰기 50자)
7급	150	–	기초 常用漢字 활용의 초급 단계(상용한자 150자)
7급II	100	–	기초 常用漢字 활용의 초급 단계(상용한자 100자)
8급	50	–	漢字 學習 동기 부여를 위한 급수(상용한자 50자)

❼ 급수별 출제기준

구분	특급 특급II	1급	2급 3급·3 급II	4급	4급II	5급·5 급II	6급	6급II	7급	7급II	8급
음독	45	50	45	32	35	35	33	32	32	22	24
훈독	27	32	27	22	22	23	22	29	30	30	24
장단음	10	10	5	3	0	0	0	0	0	0	0
반의어(상대어)	10	10	10	3	3	3	3	2	2	2	0
완성형(성어)	10	15	10	5	5	4	3	2	2	2	0
부수	10	10	5	3	3	0	0	0	0	0	0
동의어(유의어)	10	10	5	3	3	3	2	0	0	0	0
동음이의어	10	10	5	3	3	3	2	0	0	0	0
뜻풀이	5	10	5	3	3	3	2	2	2	2	0
약자	3	3	3	3	3	3	0	0	0	0	0
한자쓰기	40	40	30	20	20	20	20	10	0	0	0
필순	0	0	0	0	0	3	3	3	2	2	2
한문	20	0	0	0	0	0	0	0	0	0	0
출제문제(계)	200	200	150	100	100	100	90	80	70	60	50

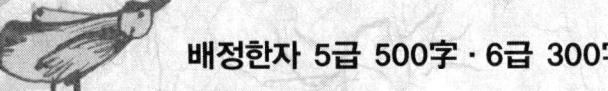

배정한자 5급 500字 · 6급 300字

한자능력검정시험 5급 배정한자는 500字, 6급(6급 II 포함) 배정한자는 300字입니다. 一字一字 꼭 익혀두십시오.

家 집 가	歌 노래 가	價 값 가	可 옳을 가	加 더할 가	角 뿔 각	各 각각 각	間 사이 간	感 느낄 감	江 강 강
強 굳셀 강	開 열 개	改 고칠 개	客 손님 객	車 수레 거(차)	擧 들 거	去 갈 거	建 세울 건	件 사건 건	健 튼튼할 건
格 바로잡을 격	見 볼 견	決 터질 결	結 맺을 결	京 서울 경	敬 공경할 경	景 볕 경, 경치 경	輕 가벼울 경	競 겨룰 경	界 지경 계
計 꾀 계, 셈 계	高 높을 고	苦 쓸 고	古 옛 고	告 알릴 고	考 상고할 고	固 굳을 고	曲 굽을 곡	工 장인 공	空 빌 공
公 공변될 공	功 공 공	共 함께 공	科 과정 과	果 실과 과	課 부과할 과	過 지날 과	關 빗장 관	觀 볼 관	光 빛 광
廣 넓을 광	校 학교 교	敎 가르칠 교	交 사귈 교	橋 다리 교	九 아홉 구	口 입 구	球 공 구	區 지경 구	舊 옛 구
具 갖출 구	救 건질 구	國 나라 국	局 판 국	軍 군사 군	郡 고을 군	貴 귀할 귀	規 법 규	根 뿌리 근	近 가까울 근
金 쇠 금(성 김)	今 이제 금	急 급할 급	級 등급 급	給 넉넉할 급	氣 기운 기	記 기록할 기	旗 기 기	己 자기 기	基 터 기
技 재주 기	汽 김 기	期 기약할 기	吉 길할 길	南 남녘 남	男 사내 남	內 안 내	女 계집 녀(여)	年 해 년	念 생각할 념
農 농사 농	能 능할 능	多 많을 다	短 짧을 단	團 둥글 단	壇 단 단	談 말씀 담	答 대답할 답	堂 집 당	當 마땅할 당
大 큰 대	代 대신할 대	對 대답할 대, 대할 대	待 기다릴 대	德 덕 덕	道 길 도	圖 그림 도	度 법도 도	到 이를 도	島 섬 도
都 도읍 도	讀 읽을 독	獨 홀로 독	東 동녘 동	動 움직일 동	洞 골 동, 마을 동	同 한가지 동	冬 겨울 동	童 아이 동	頭 머리 두
登 오를 등	等 가지런할 등	樂 즐길 락, 풍류 악, 좋아할 요	落 떨어질 락	朗 밝을 랑(낭)	來 올 래(내)	冷 찰 랭(냉)	良 좋을 량(양)	量 헤아릴 량	旅 나그네 려
力 힘 력(역)	歷 지낼 력(역)	練 익힐 련(연)	領 옷깃 령(영)	令 영 령(영)	例 법식 례(예)	禮 예도 례(예)	老 늙을 로(노)	路 길 로(노)	勞 일할 로(노)
綠 초록빛 록(녹)	料 되질할 료(요)	類 무리 류(유)	流 흐를 류(유)	六 여섯 륙(육)	陸 뭍 륙(육)	里 마을 리(이)	理 다스릴 리(이)	利 날카로울 리(이)	李 오얏 리(이)
林 수풀 림(임)	立 설 립(입)	馬 말 마	萬 일만 만	末 끝 말	望 바랄 망	亡 망할 망	每 매양 매	賣 팔 매	買 살 매
面 낯 면	名 이름 명	命 목숨 명	明 밝을 명	母 어미 모	木 나무 목	目 눈 목	無 없을 무	門 문 문	文 글월 문, 무늬 문
問 물을 문	聞 들을 문	物 만물 물	米 쌀 미	美 아름다울 미	民 백성 민	朴 후박나무 박	反 되돌릴 반	半 반 반	班 나눌 반
發 쏠 발	方 모 방	放 놓을 방	倍 곱 배	白 흰 백	百 일백 백	番 차례 번	法 법 법	變 변할 변	別 나눌 별
病 병 병	兵 군사 병	服 옷 복	福 복 복	本 근본 본	奉 받들 봉	父 아비 부	夫 지아비 부	部 거느릴 부	北 북녘 북, 달아날 배
分 나눌 분	不 아닐 불(부)	比 견줄 비	鼻 코 비	費 쓸 비	氷 얼음 빙	四 넉 사	事 일 사	社 모일 사	使 하여금 사
死 죽을 사	仕 벼슬할 사	士 선비 사	史 역사 사	思 생각할 사	寫 베낄 사	査 사실할 사	山 뫼 산	算 셈 산	産 낳을 산
三 석 삼	上 위 상	相 서로 상	商 장사 상	賞 상줄 상	色 빛 색	生 날 생	西 서녘 서	書 쓸 서, 책 서	序 차례 서

夕 저녁 석	石 돌 석	席 자리 석	先 먼저 선	線 줄 선	仙 신선 선	鮮 생선 선	善 착할 선	船 배 선	選 가릴 선
雪 눈 설	說 말씀 설	姓 성 성	成 이룰 성	省 살필 성	性 성품 성	世 대 세	歲 해 세	洗 씻을 세	小 작을 소
少 적을 소/젊을 소	所 바 소	消 사라질 소	速 빠를 속	束 묶을 속	孫 손자 손	水 물 수	手 손 수	數 셀 수	樹 나무 수
首 머리 수	宿 묵을 숙	順 순할 순	術 꾀 술	習 익힐 습	勝 이길 승	市 저자 시	時 때 시	始 처음 시	示 보일 시
食 먹을 식	植 심을 식	式 법 식	識 알 식	信 믿을 신	身 몸 신	新 새로울 신	神 귀신 신	臣 신하 신	室 집 실
失 잃을 실	實 열매 실	心 마음 심	十 열 십	兒 아이 아	惡 악할 악/싫어할 오	安 편안할 안	案 책상 안	愛 사랑 애	野 들 야
夜 밤 야	弱 약할 약	藥 약 약	約 묶을 약	洋 큰바다 양	陽 볕 양	養 기를 양	語 말씀 어	魚 고기 어	漁 고기잡을 어
億 억 억	言 말씀 언	業 업 업/일 업	然 그러할 연	熱 더울 열	葉 낙엽 엽	英 꽃부리 영	永 길 영	五 다섯 오	午 일곱때 지지 오/낮 오
屋 집 옥	溫 따뜻할 온	完 완전할 완	王 임금 왕	外 밖 외	要 중요할 요	曜 빛날 요	浴 목욕할 욕	勇 날쌜 용	用 쓸 용
右 오른 우	雨 비 우	友 벗 우	牛 소 우	運 돌 운	雲 구름 운	雄 수컷 웅	園 동산 원	遠 멀 원	元 으뜸 원
願 원할 원	原 근원 원	院 담 원	月 달 월	偉 훌륭할 위	位 자리 위	有 있을 유	由 말미암을 유	油 기름 유	育 기를 육
銀 은 은	音 소리 음	飮 마실 음	邑 고을 읍	意 뜻 의	醫 의원 의	衣 옷 의	二 두 이	以 써 이	耳 귀 이
人 사람 인	因 인할 인	一 한 일	日 해 일/날 일	任 맡길 임	入 들 입	自 스스로 자	子 아들 자	字 글자 자	者 사람 자
昨 어제 작	作 지을 작	長 길 장/어른 장	場 마당 장	章 글 장	才 재주 재	在 있을 재	財 재물 재	材 재목 재	災 재앙 재
再 다시 재	爭 다툴 쟁	貯 쌓을 저	的 과녁 적	赤 붉을 적	電 번개 전/전기 전	全 온전할 전	前 앞 전	戰 싸울 전	典 법 전
傳 전할 전	展 펼 전	節 마디 절	切 끊을 절	店 가게 점	正 바를 정	庭 뜰 정	定 정할 정	情 뜻 정	停 머무를 정
弟 아우 제	第 차례 제	題 표제 제	祖 조상 조	朝 아침 조	調 고를 조	操 잡을 조	足 발 족	族 겨레 족	卒 군사 졸/마칠 졸
種 씨 종	終 끝날 종	左 왼 좌	罪 허물 죄	主 주인 주	住 살 주	注 물댈 주	晝 낮 주	週 돌 주	州 고을 주
中 가운데 중	重 무거울 중	紙 종이 지	地 땅 지	知 알 지	止 그칠 지	直 곧을 직	質 바탕 질	集 모일 집	着 도착할 착
參 참가할 참/(석 삼)	窓 창 창	唱 노래 창	責 꾸짖을 책	川 내 천	千 일천 천	天 하늘 천	鐵 쇠 철	靑 푸를 청	淸 맑을 청
體 몸 체	草 풀 초	初 처음 초	寸 마디 촌	村 마을 촌	最 가장 최	秋 가을 추	祝 빌 축	春 봄 춘	出 날 출
充 찰 충	致 이를 치	則 법칙 칙	親 친할 친	七 일곱 칠	打 칠 타	他 다를 타	卓 높을 탁	炭 숯 탄	太 클 태
宅 집 택(댁)	土 흙 토	通 통할 통	特 특히 특	板 날빤지 판	八 여덟 팔	敗 깨뜨릴 패	便 편할 편/(오줌 변)	平 평평할 평	表 겉 표
品 물건 품	風 바람 풍	必 반드시 필	筆 붓 필	下 아래 하	夏 여름 하	河 강 하	學 배울 학	韓 나라이름 한	漢 한수 한
寒 찰 한	合 합할 합	海 바다 해	害 해칠 해	幸 다행 행	行 갈 행	向 향할 향	許 허락할 허	現 나타날 현	兄 맏 형
形 모양 형	號 부르짖을 호	湖 호수 호	火 불 화	話 말할 화	花 꽃 화	和 화합할 화	畫 그림 화/(그을 획)	化 될 화	患 근심 환
活 살 활	黃 누를 황	會 모일 회	孝 효도 효	效 본받을 효	後 뒤 후	訓 가르칠 훈	休 쉴 휴	凶 흉할 흉	黑 검을 흑

※ 5급 배정한자 500字 중 6급 배정한자 300字는 음영처리 되어 있음.

한자이해의 기초

01. 한자의 형성과 구조
02. 한자어의 기본구조
03. 한자의 부수

한자의 형성과 구조

본격적인 한자 익히기에 앞서 한자의 형성과정과 그 구조에 대한 이해는 필수적이라 할 수 있다. 이것은 보다 쉬운 한자학습은 물론이고 나아가 한문학을 이해하는데 중요한 밑거름이 된다. 특히 한자간의 독특한 구성원리인 六書(육서)에 대하여 자세히 알아보도록 한다.

1 한자의 발생(發生)

중국 상고시대인 황제(黃帝) 때(黃帝元年 : B.C. 2674년)에 사관(史官)이던 창힐(創頡)이 새의 발자국을 보고 만들었다고 전한다. 이외에도 복희(伏羲)·주양(朱襄) 등이 만들었다는 설(說)도 있다. 그러나 한자는 어느 한 사람의 손에 의하여 만들어졌다고 생각하기 어렵고, 오랜 시일이 지나는 동안에 여러 사람의 손을 거쳐 형성되었다고 본다. 한자가 생기기 이전에 문자대용으로 사용한 방법으로는 결승(結繩)·팔괘(八卦)·서계(書契) 등이 있었다고 한다.

2 한자 자체(字體)의 변천(變遷)

한자는 오랜 역사를 거치는 동안에 그 모양도 많이 변천되었다. 옛날의 갑골문자(甲骨文字)에서부터 시작하여 전서(篆書)·예서(隸書)·해서(楷書)·행서(行書)·초서(草書) 등 다양한 서체의 변화를 보이고 있으나, 오늘날은 해서와 행서가 많이 쓰이고 있다.

3 한자의 전래(傳來)

한자가 언제부터 우리나라에 들어왔는지 그 확실한 연대를 추정하기는 곤란하나, 상고시대부터 중국 민족의 빈번한 이동에 따라 그들과 접촉이 잦았던 우리 북방에서는 이미 한자(漢字)·한문(漢文)을 받아들였을 것으로 추측되며, 위만조선이나 한사군 시대에는 이미 우리 민족에 널리 보급되었을 것이다.

> 갑골문자 … 거북이의 껍질 [龜甲]이나 짐승의 뼈에 새긴 문자를 말하는 것으로서, 중국에서 가장 오래된 것이다. 이것은 은(殷)나라 때(B.C. 1751 ~ 1111년)에 사용되었다. 은은 본래 탕왕(湯王)이 상 [河南省 商邱縣]에 도읍을 정하여 상(商)이라고 불렀는데, 19대 왕 반경(盤庚)이 은 [河南省 安陽縣]으로 도읍을 옮겨 은(殷)이라고 불리게 되었다. 은나라의 도읍지가 있던 곳을 은허(殷墟)라 하는데, 이곳에서 오래 전부터 갑골문자가 새겨진 갑골이 출토되었다. 은나라 왕실에서는 거북이의 껍질을 이용하여 점을 쳤고, 그 점친 내용을 거북이의 껍질에 새겨 기록하였던 것이다.

삼국시대에 들어와서 중국과 가장 가까웠던 고구려에서는 건국초기부터 한자를 사용하였을 것이고, 백제와 신라도 고구려를 거쳐 한자·한문을 받아들였을 것이다. 「삼국사기(三國史記)」에 의하면 고구려는 소수림왕 2년(372)에 태학(太學)을 세워 한자·한문교육에 힘썼으며, 백제에서도 고이왕 52년(285)에 「천자문(千字文)」과 「논어(論語)」를 일본에 전해주었다는 것으로 보아, 삼국시대에는 한자·한문이 어느 곳에서나 상당히 널리 보급되었을 것이다. 그 뒤, 고려·조선시대에 이르러서는 한문학의 황금시대를 이루어 많은 학자를 배출하였고, 세종대왕에 의하여 한

글이 창제되기까지의 모든 기록이 한자에 의하여 행하여졌다. 한글제정 이후에도 한자·한문은 끊임없이 사용되어 왔다.

4 한자의 3요소

한자는 표의문자(表意文字 ; 그림에 의해서나 사물의 형상을 그대로 베껴서 시각에 의해 사상을 전달하는 문자)이기 때문에, 각 한자마다 고유한 모양(形)·소리(音)·뜻(義)의 3요소를 갖추고 있다.

> 예) 馬〔形〕→ 마〔音〕- 말〔義〕 手〔形〕→ 수〔音〕- 손〔義〕

5 육서(六書)

한자는 표의문자(表意文字)로 그 글자의 체(字體)가 매우 복잡하게 보이나, 자세히 관찰하면 각 글자들은 어떠한 원칙에 의하여 만들어졌거나 조합되어 있음을 발견할 수 있다. 예로부터 상형(象形), 지사(指事), 회의(會意), 형성(形聲) 및 전주(轉注), 가차(假借)의 여섯가지 구성원리와 사용방법으로 한자의 구조를 설명하여 왔는데, 이를 육서(六書)라고 한다.

(1) 상형문자(象形文字) : 구체적인 사물의 모양을 본떠서 만든 글자

> 예) 日(☉ → 日) 山(⛰ → 山)

(2) 지사문자(指事文字) : 그림으로 본뜨기 어려운 추상적인 생각이나 뜻을 점·선 등의 기호나 부호로써 나타낸 글자

> 예) 上(・→ 上) 本(木 → 本)

(3) 회의문자(會意文字) : 이미 만들어진 글자의 뜻을 둘 이상 결합해 새로운 뜻을 나타내는 글자 (뜻 + 뜻)

> 예) 明(日 + 月 → 明) 好(女 + 子 → 好) 信(人 + 言 → 信)

(4) 형성문자(形聲文字) : 음을 나타내는 부분과 뜻을 나타내는 부분이 결합해서 이루어진 글자 (뜻 + 음)

> 예) 空〔穴(뜻부분) + 工(음부분) → 空〕 忘〔亡(음부분) + 心(뜻부분) → 忘〕

(5) 전주문자(轉注文字) : 이미 있는 글자의 본래의 뜻을 확대하여 다른 뜻으로 전용해서 쓰는 글자

> 예)
> 樂
> • 본래의 뜻 : 풍류 → 音樂(음악)
> • 전용된 뜻 : 즐겁다 → 樂園(낙원)
>
> 善
> • 본래의 뜻 : 착하다 → 善行(선행)
> • 전용된 뜻 : 잘하다 → 善用(선용)

(6) 가차문자(假借文字) : 글자의 본래의 뜻과는 상관없이 나타내려는 사물의 모양이나 음이 비슷한 글자를 빌려서 표현하는 응용방법

> 예) 佛蘭西(불란서) 亞細亞(아세아) 弗($, 달러)

한자어의 기본구조

한자어(漢字語)는 한자(漢字)를 구성요소로 하여 모두 일정한 구성원리를 갖고 있다. 이 구성원리는 한자(漢字)와 한자(漢字)가 서로 결합하여 한 단위의 의미체(意味體)를 이루도록 하는 것이다. 이때 한자와 한자 사이에는 반드시 기능상의 관계를 맺게 되는데, 이 관계를 유형별로 살펴보면 다음과 같다.

1 병렬관계(竝列關係)

(1) 상대관계(相對關係) : 뜻이 서로 상대되는 글자

> 예 雌 ↔ 雄(자웅 : 짐승의 암컷과 수컷)   喜 ↔ 怒(희노 : 기쁨과 노여움)

(2) 대등관계(對等關係) : 뜻이 서로 대등한 글자끼리 어울려진 짜임

> 예 魚 - 貝(어패 : 물고기와 조개)   貴 - 重(귀중 : 귀하고 중함)

(3) 유사관계(類似關係) : 뜻이 같거나 비슷한 글자끼리 어울려진 짜임

> 예 樹 = 木(수목 : 나무)   海 = 洋(해양 : 바다)

2 어순(語順)이 우리말과 같은 구조

(1) 수식관계(修飾關係) : 수식어 + 피수식어의 짜임

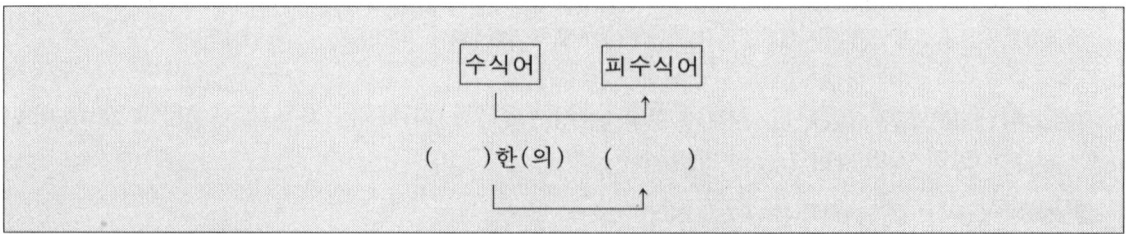

> 예) 思師(은사 : 은혜로운 스승)   淸風(청풍 : 맑은 바람)

(2) 주술관계(主述關係) : 주어 + 서술어의 짜임(‖)

```
          주 어 ‖ 서술어
      (    )이(가) ‖ (    )하다
```

> 예) 夜‖深(야심 : 밤이 깊다)   日‖出(일출 : 해가 뜨다)

3 어순(語順)이 우리말과 반대인 구조

(1) 술목관계(術目關係) : 서술어 + 목적어의 짜임(|)

```
          서술어 | 목적어
      (    )하다 | (    )을 → (    )을 (    )하다
```

> 예) 受 | 業(수업 : 학업을 받다)   讀 | 書(독서 : 책을 읽다)

(2) 술보관계(術補關係) : 서술어 + 보어의 짜임(/)

```
          서술어 / 보 어
      (    )하다 / (    )에(으로) → (    )에(으로) (    )하다
```

> 예) 登 / 山(등산 : 산에 오르다)   有 / 力(유력 : 힘이 있다)

(3) 보조관계(補助關係) : 본용언 + 보조용언의 짜임(+)

```
          본용언 + 보조용언
      (    )하지 않다 or (    )하지 못한다
```

> 예) 不 + 當(부당 : 당치 않다)   未 + 知(미지 : 알지 못하다)

한자의 부수

부수란 자전(字典)이나 사전(辭典)에서 글자를 찾는데 필요한 기본글자를 말한다. 본래 부수는 한자의 글자모양을 바탕으로 같은 부분, 비슷한 부분을 가진 한자를 한 곳에 모아놓고 공통된 부분을 질서있게 배열하기 위하여 채택한 기본자이므로 한자의 짜임과 뗄 수 없는 관계를 가지고 있다. 부수는 또한 '변(邊)', '방(傍)', '머리', '받침', '몸'의 다섯가지 원리에 의해 나누어진다. (글자가 어느 부분에 위치하느냐에 따라 분류)

1 제부수글자

一	한 일	乙	새 을	二	두 이	人	사람 인	入	들 입	八	여덟 팔	刀	칼 도
又	또 우	口	입 구	力	힘 력	土	흙 토	士	선비 사	夕	저녁 석	大	큰 대
女	계집 녀	子	아들 자	寸	마디 촌	小	작을 소	山	뫼 산	工	장인 공	己	몸 기
巾	수건 건	干	방패 간	弓	활 궁	心	마음 심	文	글월 문	斗	말 두	日	날 일
曰	가로 왈	月	달 월	木	나무 목	止	그칠 지	水	물 수	火	불 화	香	향기 향
首	머리 수	見	볼 견	谷	계곡 곡	赤	붉을 적	走	달아날 주	足	발 족	身	몸 신
車	수레 거	里	마을 리	至	이를 지	臣	신하 신	瓦	기와 와	甘	달 감	用	쓸 용
色	빛 색	龜	거북 귀	龍	용 룡	齒	이 치	齊	가지런할 제	鼠	쥐 서	黃	누를 황
黑	검을 흑	魚	물고기 어	鳥	새 조	鹿	사슴 록	麥	보리 맥	麻	삼 마	骨	뼈 골
高	높을 고	鬼	귀신 귀	面	낯 면	音	소리 음	風	바람 풍	飛	날 비	豆	콩 두

2 변형된 부수

부수의 원형		변형	부수의 원형		변형	부수의 원형		변형	부수의 원형		변형
乙	새 을	乚	人	사람 인	亻	刀	칼 도	刂	川	내 천	巛
心	마음 심	忄	手	손 수	扌	水	물 수	氵	犬	개 견	犭
玉	구슬 옥	王	示	보일 시	礻	衣	옷 의	衤	火	불 화	灬
肉	고기 육	月	艸	풀 초	艹	竹	대나무 죽	竹	邑	고을 읍	阝
阜	언덕 부	阝	辵	쉬엄쉬엄갈 착	辶·辶	卩	병부 절	㔾	攴	칠 복	攵
无	없을 무	旡	歹	뼈앙상할 알	歺	爪	손톱 조	爫	牛	소 우	牜
网	그물 망	罒	羊	양 양	羊	襾	덮을 아	覀	老	늙을 로	耂

잠깐만

가족(家族)의 호칭

구 분	자 기		타 인	
	생존시	사 후	생존시	사 후
父 아버지	가친(家親) 엄친(嚴親) 부주(父主)	선친(先親) 선고(先考) 선부군(先父君)	춘부장(春府丈) 춘장(椿丈) 춘당(春堂)	선대인(先大人) 선고장(先考丈) 선인(先人)
母 어머니	자친(慈親) 모생(母生) 가자(家慈)	선비(先妣) 선자(先慈)	자당(慈堂) 대부인(大夫人) 모당(母堂) 훤당(萱堂)	선대부인(先大夫人) 선부인(先夫人)
祖父 할아버지	조부(祖父) 왕부(王父)	조고(祖考) 왕고(王考)	왕존장(王尊丈) 왕대인(王大人)	선조부장(先祖父丈) 선왕고장(先王考丈)
祖母 할머니	조모(祖母) 왕모(王母)	조비(祖妣)	왕대부인(王大夫人) 존조모(尊祖母)	선왕대부인(先王大夫人) 선조비(先祖妣)
子 아들	가아(家兒) 가돈(家豚) 돈아(豚兒) 미돈(迷豚)	망아(亡兒)	영랑(令郞) 영식(令息) 영윤(令胤)	
女 딸	여식(女息) 식비(息鄙)		영애(令愛) 영교(令嬌) 영양(令孃)	
孫 손자	손자(孫子) 손아(孫兒)		영포(令抱) 영손(令孫)	

한자능력검정시험 필수한자 해설

01. 5급선정 500字(6급 300字포함) 읽기
02. 5급선정 300字(6급 150字포함) 쓰기 및 활용

5급선정 500字(6급 300字포함) 읽기

한자능력검정시험 5, 6급의 기초읽기 배정한자는 5급 500字, 6급 300字입니다. 6급에서 5급으로 추가되는 200字의 한자는 6급과의 구별을 위해 ★표를 해 두었습니다. 중급과정으로 올라가기 전 중요한 기초 한자들이니 一字一字 꼭 체크를 하고 익혀두십시오. 이 단원과 관련된 문제유형은 讀音과 訓音 그리고 漢字의 뜻풀이입니다.

家	부수 : 宀부 획수 : 7획	家		
집 가	家系(가계)	家法(가법)	家門(가문)

歌	부수 : 欠부 획수 : 10획	歌		
노래 가	歌謠(가요)	歌曲(가곡)	歌手(가수)

價★	부수 : 人(亻)부 획수 : 13획	價		
값 가, 가치 가	價格(가격)	價値(가치)	原價(원가)

可★	부수 : 口부 획수 : 2획	可		
옳을 가	可決(가결)	可能(가능)	可否(가부)

加★	부수 : 力부 획수 : 3획	加		
더할 가	加減(가감)	加升(가승)	加工(가공)

角	제부수글자	角			
뿔 각		角度(각도)	角逐(각축)	四角(사각)	

各	부수 : 口부 획수 : 3획	各			
각각 각		各論(각론)	各部(각부)	各界(각계)	

間	부수 : 門부 획수 : 4획	間			
사이 간		間食(간식)	間奏(간주)	間接(간접)	

感	부수 : 心(忄)부 획수 : 9획	感			
느낄 감		感歎(감탄)	感情(감정)	所感(소감)	

江	부수 : 水(氵)부 획수 : 3획	江			
강 강		江山(강산)	江湖(강호)	漢江(한강)	

强	부수 : 弓부 획수 : 8획	强			
굳셀 강, 힘쓸 강		强度(강도)	强力(강력)	强要(강요)	

開	부수 : 門부 획수 : 4획	開			
열 개		開講(개강)	開學(개학)	未開(미개)	

改 ★	부수 : 攴(攵)부 획수 : 3획	改			
고칠 개		改刊(개간)		改造(개조)	改定(개정)

客 ★	부수 : 宀부 획수 : 6획	客			
손님 객		客室(객실)		客觀(객관)	主客(주객)

車	제부수글자	車			
수레 거, 수레 차		馬車(마차)		車庫(차고)	車線(차선)

擧 ★	부수 : 手(扌)부 획수 : 14획	擧			
들 거, 모두 거		擧動(거동)		列擧(열거)	選擧(선거)

去 ★	부수 : 厶부 획수 : 3획	去			
갈 거, 버릴 거		去來(거래)		除去(제거)	過去(과거)

建 ★	부수 : 廴부 획수 : 6획	建			
세울 건		建設(건설)		建立(건립)	建物(건물)

件 ★	부수 : 人(亻)부 획수 : 4획	件			
사건 건		件數(건수)		要件(요건)	條件(조건)

健★	부수 : 人(亻)부 획수 : 9획	健			
튼튼할 건		健康(건강)	健在(건재)	健鬪(건투)	

格★	부수 : 木부 획수 : 6획	格			
바로잡을 격		格言(격언)	格式(격식)	資格(자격)	

見★	제부수글자	見			
볼 견, 뵐 현		見聞(견문)	見解(견해)	發見(발견)	

決★	부수 : 水(氵)부 획수 : 4획	決			
터질 결, 정할 결		決定(결정)	決議(결의)	終決(종결)	

結★	부수 : 糸부 획수 : 6획	結			
맺을 결		結論(결론)	結末(결말)	締結(체결)	

京	부수 : 亠부 획수 : 6획	京			
서울 경		京都(경도)	京畿(경기)	北京(북경)	

敬★	부수 : 攵(攴)부 획수 : 9획	敬			
공경할 경		敬老(경로)	敬拜(경배)	敬語(경어)	

景★	부수 : 日부 획수 : 8획	景			
경치 경, 볕 경		景觀(경관)	景氣(경기)	景致(경치)

輕★	부수 : 車부 획수 : 7획	輕			
가벼울 경		輕重(경중)	輕微(경미)	輕傷(경상)

競★	부수 : 立부 획수 : 15획	競			
다툴 경, 겨룰 경		競爭(경쟁)	競技(경기)	競走(경주)

界	부수 : 田부 획수 : 4획	界			
세계 계, 지경 계		世界(세계)	商界(상계)	財界(재계)

計	부수 : 言부 획수 : 2획	計			
셈할 계, 꾀할 계		計算(계산)	計數(계수)	合計(합계)

高	제부수글자	高			
높을 고		高空(고공)	航空(항공)	

苦	부수 : 艸(艹)부 획수 : 5획	苦			
쓸 고		苦痛(고통)	苦心(고심)	死苦(사고)

古	부수 : 口부 획수 : 2획	古			
옛 고		古今(고금)		古來(고래)	古事(고사)

告★	부수 : 口부 획수 : 4획	告			
알릴 고, 고할 고		告發(고발)		告白(고백)	廣告(광고)

考★	부수 : 老(耂)부 획수 : 2획	考			
상고할 고, 생각할 고		考慮(고려)		考案(고안)	詳考(상고)

固★	부수 : 口부 획수 : 5획	固			
굳을 고		固守(고수)		固有(고유)	固體(고체)

曲★	부수 : 曰부 획수 : 2획	曲			
굽을 곡		曲直(곡직)		曲解(곡해)	樂曲(악곡)

工	제부수글자	工			
장인 공, 만들 공		工場(공장)		工人(공인)	手工(수공)

空	부수 : 穴부 획수 : 3획	空			
빌 공		空氣(공기)		空軍(공군)	虛空(허공)

公	부수 : 八부 획수 : 2획	公			
공변될 공, 함께할 공		公的(공적)	公社(공사)	公直(공직)	

功	부수 : 力부 획수 : 3획	功			
공 공, 일할 공		功績(공적)	武功(무공)	勳功(훈공)	

共	부수 : 八부 획수 : 4획	共			
함께 공		共同(공동)	共用(공용)	公共(공공)	

科	부수 : 禾부 획수 : 4획	科			
과목 과, 조목 과		科目(과목)	敎科(교과)	學科(학과)	

果	부수 : 木부 획수 : 4획	果			
열매 과, 결과 과		果實(과실)	成果(성과)	效果(효과)	

課★	부수 : 言부 획수 : 8획	課			
부과할 과, 과목 과		課稅(과세)	課業(과업)	課題(과제)	

過★	부수 : 辵(辶)부 획수 : 9획	過			
지날 과, 허물 과		過誤(과오)	經過(경과)	超過(초과)	

關★	부수 : 門부 획수 : 11획	關					
빗장 관, 관계할 관		關門(관문)		關係(관계)		聯關(연관)	

觀★	부수 : 見부 획수 : 18획	觀					
볼 관		觀覽(관람)		觀望(관망)		觀象(관상)	

光	부수 : 儿부 획수 : 4획	光					
빛 광		光線(광선)		光彩(광채)		感光(감광)	

廣★	부수 : 广부 획수 : 12획	廣					
넓을 광		廣場(광장)		廣闊(광활)		廣義(광의)	

校	부수 : 木부 획수 : 6획	校					
학교 교		學校(학교)		登校(등교)		下校(하교)	

敎	부수 : 攴(攵)부 획수 : 7획	敎					
가르칠 교		敎師(교사)		敎授(교수)		下敎(하교)	

交	부수 : 亠부 획수 : 4획	交					
사귈 교, 엇갈릴 교		交感(교감)		交際(교제)		交差(교차)	

橋★	부수 : 木부 획수 : 12획	橋			
다리 교		橋脚(교각)	架橋(가교)	橋頭(교두)	

九	부수 : 乙부 획수 : 1획	九			
아홉 구		九天(구천)	九九(구구)	九月(구월)	

口	제부수글자	口			
입 구		口頭(구두)	口傳(구전)	口誦(구송)	

球	부수 : 王부 획수 : 7획	球			
공 구		球審(구심)	地球(지구)	野球(야구)	

區	부수 : 匸부 획수 : 9획	區			
지경 구, 구분할 구		區民(구민)	區域(구역)	區劃(구획)	

舊★	부수 : 臼부 획수 : 12획	舊			
옛 구, 오랠 구		舊禮(구례)	舊式(구식)	復舊(복구)	

具★	부수 : 八부 획수 : 6획	具			
갖출 구, 그릇 구		道具(도구)	食具(식구)	玩具(완구)	

救★	부수 : 攴(攵)부 획수 : 7획	救			
구원할 구, 건질 구		救助(구조)	救援(구원)	救世(구세)	

國	부수 : 口부 획수 : 8획	國			
나라 국		國家(국가)	國民(국민)	國權(국권)	

局★	부수 : 尸부 획수 : 4획	局			
판 국		局面(국면)	終局(종국)	破局(파국)	

軍	부수 : 車부 획수 : 2획	軍			
군사 군		軍士(군사)	軍隊(군대)	敵國(적국)	

郡	부수 : 邑(阝)부 획수 : 7획	郡			
고을 군		郡民(군민)	郡廳(군청)	郡邑(군읍)	

貴★	부수 : 貝부 획수 : 5획	貴			
귀할 귀		貴公子(귀공자)	貴夫人(귀부인)	貴下(귀하)	

規★	부수 : 見부 획수 : 4획	規			
법 규		規範(규범)	規則(규칙)	法規(법규)	

根	부수 : 木부 획수 : 6획	根			
뿌리 근, 근본 근		根據(근거)	根源(근원)	根本(근본)	

近	부수 : 辵(辶)부 획수 : 4획	近			
가까울 근		近者(근자)	近來(근래)	遠近(원근)	

金	제부수글자	金			
쇠 금, 성 김		金星(금성)	金曜日(금요일)	金氏(김씨)	

今	부수 : 人(亻)부 획수 : 11획	今			
이제 금		今日(금일)	今年(금년)	當今(당금)	

急	부수 : 心(忄)부 획수 : 5획	急			
급할 급		急激(급격)	急騰(급등)	急落(급락)	

級	부수 : 糸부 획수 : 4획	級			
등급 급		等級(등급)	學級(학급)	階級(계급)	

給*	부수 : 糸부 획수 : 6획	給			
줄 급, 넉넉할 급		供給(공급)	俸給(봉급)	給食(급식)	

氣	부수 : 气부 획수 : 6획	氣			
기운 기, 숨 기		空氣(공기)		氣運(기운)	日氣(일기)

記	부수 : 言부 획수 : 3획	記			
기록할 기, 기억할 기		記錄(기록)		記述(기술)	日記(일기)

旗	부수 : 方부 획수 : 10획	旗			
기 기		旗手(기수)		白旗(백기)	弔旗(조기)

己★	제부수글자	己			
몸 기, 자기 기		自己(자기)		克己(극기)	利己(이기)

基★	부수 : 土부 획수 : 8획	基			
터 기, 바탕 기		基本(기본)		基盤(기반)	基礎(기초)

技★	부수 : 手(扌)부 획수 : 4획	技			
재주 기		技藝(기예)		技術(기술)	競技(경기)

汽★	부수 : 水(氵)부 획수 : 4획	汽			
김 기, 증기 기		汽船(기선)		汽車(기차)	汽笛(기적)

期★	부수 : 月부 획수 : 8획	期					
기약할 기, 기간 기		期間(기간)		期約(기약)		初期(초기)	

吉★	부수 : 口부 획수 : 3획	吉					
길할 길		吉兆(길조)		吉凶(길흉)		吉夢(길몽)	

南	부수 : 十부 획수 : 7획	南					
남녘 남		南方(남방)		南蠻(남만)		南山(남산)	

男	부수 : 田부 획수 : 2획	男					
사내 남		男子(남자)		男女(남녀)		長男(장남)	

內	부수 : 入부 획수 : 2획	內					
안 내		案內(안내)		內外(내외)		以內(이내)	

女	제부수글자	女					
여자 녀, 계집 녀(여)		女子(여자)		女神(여신)		女流(여류)	

年	부수 : 干부 획수 : 3획	年					
해 년		年中(연중)		年歲(연세)		年下(연하)	

念★	부수 : 心(忄)부 획수 : 4획	念			
생각 념		念頭(염두)	思念(사념)	餘念(여념)	

農	부수 : 辰부 획수 : 6획	農			
농사 농		農事(농사)	農夫(농부)	農業(농업)	

能★	부수 : 肉(月)부 획수 : 6획	能			
능할 능, 재능 능		能力(능력)	能事(능사)	藝能(예능)	

多	부수 : 夕부 획수 : 3획	多			
많을 다		多事(다사)	多少(다소)	多數(다수)	

短	부수 : 矢부 획수 : 7획	短			
짧을 단		短刀(단도)	短文(단문)	長短(장단)	

團★	부수 : 囗부 획수 : 11획	團			
둥글 단, 모일 단		團圓(단원)	團長(단장)	團員(단원)	

壇★	부수 : 土부 획수 : 13획	壇			
단 단, 쌓을 단		壇場(단장)	祭壇(제단)	演壇(연단)	

談★	부수 : 言부 획수 : 8획	談			
말씀 담		談話(담화)		談論(담론)	弄談(농담)

答	부수 : 竹부 획수 : 6획	答			
대답할 답		對答(대답)		答狀(답장)	解答(해답)

堂	부수 : 土부 획수 : 8획	堂			
집 당		食堂(식당)		明堂(명당)	殿堂(전당)

當★	부수 : 田부 획수 : 8획	當			
마땅할 당		當然(당연)		當否(당부)	妥當(타당)

大	제부수글자	大			
큰 대		大小(대소)		大概(대개)	大將(대장)

代	부수 : 人(亻)부 획수 : 3획	代			
대신할 대		代身(대신)		世代(세대)	代代(대대)

對	부수 : 寸부 획수 : 11획	對			
마주볼 대, 대답할 대		對答(대답)		接對(접대)	應對(응대)

待	부수: 彳부 획수: 6획	待			
기다릴 대, 대접할 대		待望(대망)	待遇(대우)		歡待(환대)

德★	부수: 彳부 획수: 12획	德			
덕 덕, 큰 덕		德望(덕망)	德分(덕분)		恩德(은덕)

道	부수: 辵(辶)부 획수: 9획	道			
길 도, 말할 도		道路(도로)	道德(도덕)		方道(방도)

圖	부수: 囗부 획수: 11획	圖			
꾀할 도, 그림 도		圖鑑(도감)	圖面(도면)		圖書館(도서관)

度	부수: 广부 획수: 6획	度			
법도 도, 헤아릴 탁		程度(정도)	傾度(경도)		濃度(농도)

到★	부수: 刀(刂)부 획수: 6획	到			
이를 도		到着(도착)	到達(도달)		殺到(쇄도)

島★	부수: 山부 획수: 7획	島			
섬 도		諸島(제도)	群島(군도)		半島(반도)

都★	부수 : 邑(阝)부 획수 : 9획	都					
도읍 도		京都(경도)		都市(도시)		都邑(도읍)	

讀	부수 : 言부 획수 : 15획	讀					
읽을 독, 구절 두		讀書(독서)		講讀(강독)		讀音(독음)	

獨★	부수 : 犬(犭)부 획수 : 13획	獨					
홀로 독		孤獨(고독)		獨身(독신)		獨自(독자)	

東	부수 : 木부 획수 : 4획	東					
동녘 동		東西(동서)		東方(동방)		北東(북동)	

動	부수 : 力부 획수 : 9획	動					
움직일 동		動力(동력)		運動(운동)		自動車(자동차)	

洞	부수 : 水(氵)부 획수 : 6획	洞					
고을 동, 통할 통		洞窟(동굴)		洞察(통찰)		空洞(공동)	

同	부수 : 口부 획수 : 3획	同					
같을 동, 한가지 동		同居(동거)		同窓(동창)		一同(일동)	

冬	부수 : 冫부 획수 : 3획	冬			
겨울 동		冬季(동계)	冬眠(동면)	嚴冬(엄동)	

童	부수 : 立부 획수 : 7획	童			
아이 동		童心(동심)	童話(동화)	兒童(아동)	

頭	부수 : 頁부 획수 : 7획	頭			
머리 두		頭髮(두발)	頭腦(두뇌)	序頭(서두)	

登	부수 : 癶부 획수 : 7획	登			
오를 등		登山(등산)	登落(등락)	登場(등장)	

等	부수 : 竹부 획수 : 6획	等			
등급 등, 가지런할 등		等級(등급)	平等(평등)	吾等(오등)	

樂	부수 : 木부 획수 : 11획	樂			
즐거울 락, 좋아할 요, 풍류 악		樂園(낙원)	樂水(요수)	樂器(악기)	

落★	부수 : 艸(艹)부 획수 : 9획	落			
떨어질 락(낙)		落葉(낙엽)	墜落(추락)	落第(낙제)	

朗★	부수 : 月부 획수 : 7획	朗			
밝을 랑		朗讀(낭독)		明朗(명랑)	晴朗(청랑)

來	부수 : 人부 획수 : 6획	來			
올 래		去來(거래)		來世(내세)	來航(내항)

冷★	부수 : 冫부 획수 : 5획	冷			
찰 랭		寒冷(한랭)		冷淡(냉담)	冷笑(냉소)

良★	부수 : 艮부 획수 : 1획	良			
어질 량, 진실로 량		良心(양심)		良質(양질)	良好(양호)

量★	부수 : 里부 획수 : 5획	量			
헤아릴 량, 용량 량		水量(수량)		氣量(기량)	力量(역량)

旅★	부수 : 方부 획수 : 6획	旅			
나그네 려, 군사 려		旅行(여행)		旅路(여로)	旅館(여관)

力	제부수글자	力			
힘 력		力器(역기)		力學(역학)	腕力(완력)

歷	부수 : 止부 획수 : 12획	歷				
지낼 력		歷史(역사)		履歷(이력)		經歷(경력)

練	부수 : 糸부 획수 : 9획	練				
단련할 련		鍛鍊(단련)		訓練(훈련)		洗練(세련)

領	부수 : 頁부 획수 : 5획	領				
다스릴 령, 옷깃 령		領內(영내)		領受(영수)		領土(영토)

令	부수 : 人(亻)부 획수 : 3획	令				
명령할 령, 영 령		命令(명령)		使令(사령)		號令(호령)

例	부수 : 人(亻)부 획수 : 6획	例				
법식 례, 예절 례(예)		例文(예문)		例題(예제)		凡例(범례)

禮	부수 : 示(礻)부 획수 : 13획	禮				
예절 례(예)		禮節(예절)		禮義(예의)		婚禮(혼례)

老	부수 : 耂(老)부 획수 : 2획	老				
늙을 로(노)		老人(노인)		敬老(경로)		老少(노소)

路	부수: 足부 획수: 6획	路			
길 로		路線(노선)	船路(선로)	進路(진로)	

勞★	부수: 力부 획수: 10획	勞			
일할 로		勞動(노동)	勞苦(노고)	勞使(노사)	

綠	부수: 糸부 획수: 8획	綠			
푸를 록, 초록빛 록		綠陰(녹음)	綠色(녹색)	新綠(신록)	

料★	부수: 斗부 획수: 6획	料			
헤아릴 료		料金(요금)	原料(원료)	材料(재료)	

類★	부수: 頁부 획수: 10획	類			
무리 류, 같을 류		種類(종류)	鳥類(조류)	類義語(유의어)	

流★	부수: 水(氵)부 획수: 7획	流			
흐를 류(유)		流通(유통)	流動(유동)	下流(하류)	

六	부수: 八부 획수: 2획	六			
여섯 륙		六十(육십)	六感(육감)	六角(육각)	

陸★	부수 : 阜(阝)부 획수 : 8획	陸			
뭍 륙, 육지 륙		陸地(육지)	大陸(대륙)	陸上(육상)	

里	제부수글자	里			
마을 리		邑里(읍리)	萬里(만리)	鄕里(향리)	

理	부수 : 王(玉)부 획수 : 7획	理			
이치 리, 다스릴 리		理致(이치)	道理(도리)	管理(관리)	

利	부수 : 刀(刂)부 획수 : 5획	利			
이로울 리, 날카로울 리(이)		利益(이익)	利害(이해)	勝利(승리)	

李	부수 : 木부 획수 : 3획	李			
오얏나무 리, 성 리(이)		桃李(도리)	李氏(이씨)		

林	부수 : 木부 획수 : 4획	林			
수풀 림(임)		林業(임업)	松林(송림)	綠林(녹림)	

立	제부수글자	立			
설 립		立場(입장)	自立(자립)	組立(조립)	

馬 ★	제부수글자	馬					
말 마		馬車(마차)		馬夫(마부)		馬術(마술)	

萬	부수:艸(艹)부 획수:9획	萬					
일만 만		萬年(만년)		萬一(만일)		萬世(만세)	

末 ★	부수:木부 획수:1획	末					
끝 말		末世(말세)		末年(말년)		月末(월말)	

望 ★	부수:月부 획수:7획	望					
바랄 망, 원망할 망		希望(희망)		先望(선망)		信望(신망)	

亡 ★	부수:亠부 획수:1획	亡					
망할 망		亡命(망명)		滅亡(멸망)		死亡(사망)	

每	부수:毋부 획수:3획	每					
매양 매, 마다 매		每日(매일)		每週(매주)		每回(매회)	

賣 ★	부수:貝부 획수:8획	賣					
팔 매		賣買(매매)		賣店(매점)		賣上(매상)	

買 ★	부수 : 貝부 획수 : 5획	買			
살 매		買價(매가)	購買(구매)	不買(불매)	

面	제부수글자	面			
얼굴 면		面前(면전)	面象(면상)	側面(측면)	

名	부수 : 口부 획수 : 3획	名			
이름 명, 이름날 명		名醫(명의)	命名(명명)	呼名(호명)	

命	부수 : 口부 획수 : 5획	命			
목숨 명, 시킬 명		命脈(명맥)	命中(명중)	命題(명제)	

明	부수 : 日부 획수 : 4획	明			
밝을 명		明日(명일)	明哲(명철)	透明(투명)	

母	부수 : 毋부 획수 : 1획	母			
어머니 모		母乳(모유)	母親(모친)	母子(모자)	

木	제부수글자	木			
나무 목		木手(목수)	木曜日(목요일)	木刻(목각)	

目	제부수글자	目		
눈 목		目次(목차)	目的(목적)	刮目(괄목)

無★	부수 : 火(灬)부 획수 : 8획	無		
없을 무		無謀(무모)	有無(유무)	無理(무리)

門	제부수글자	門		
문 문		門前(문전)	門下(문하)	名門(명문)

文	제부수글자	文		
글월 문, 무늬 문		文句(문구)	文章(문장)	長文(장문)

問	부수 : 口부 획수 : 8획	問		
물을 문		問答(문답)	問題(문제)	說問(설문)

聞	부수 : 耳부 획수 : 8획	聞		
들을 문		聽聞(청문)	傳聞(전문)	風聞(풍문)

物	부수 : 牛부 획수 : 4획	物		
물건 물, 만물 물		物件(물건)	萬物(만물)	事物(사물)

美	부수 : 羊부 획수 : 3획	美			
아름다울 미		美人(미인)		美麗(미려)	優美(우미)

米	제부수글자	米			
쌀 미		米穀(미곡)		糧米(양미)	米麴(미국)

民	부수 : 氏부 획수 : 1획	民			
백성 민		民間(민간)		民族(민족)	官民(관민)

朴	부수 : 木부 획수 : 2획	朴			
성 박, 순박할 박		素朴(소박)		簡朴(간박)	淳朴(순박)

反	부수 : 又부 획수 : 2획	反			
거스를 반, 뒤집을 번		反縛(반박)		反復(반복)	反省(반성)

半	부수 : 十부 획수 : 3획	半			
반 반, 가운데 반		半分(반분)		半音(반음)	折半(절반)

班	부수 : 玉(王)부 획수 : 6획	班			
나눌 반		班長(반장)		班別(반별)	一斑(일반)

發	부수 : 癶부 획수 : 7획	發			
쏠 발		發展(발전)	出發(출발)	發車(발차)	

方	제부수글자	方			
방위 방, 모 방, 바야흐로 방		方面(방면)	方位(방위)	方向(방향)	

放	부수 : 攴(攵)부 획수 : 4획	放			
놓을 방, 내칠 방		放心(방심)	解放(해방)	放牧(방목)	

倍★	부수 : 人(亻)부 획수 : 8획	倍			
곱 배		倍加(배가)	倍數(배수)	倍率(배율)	

白	제부수글자	白			
흰 백		白衣(백의)	白紙(백지)	白髮(백발)	

百	부수 : 白부 획수 : 1획	百			
일백 백		百萬(백만)	百倍(백배)	百戰(백전)	

番	부수 : 田부 획수 : 7획	番			
차례 번		番號(번호)	順番(순번)	番地(번지)	

法★	부수 : 水(氵)부 획수 : 5획	法			
법 법		法學(법학)	法則(법칙)		民法(민법)

變★	부수 : 言부 획수 : 16획	變			
변할 변, 재앙 변		變化(변화)	變心(변심)		變節(변절)

別	부수 : 刀(刂)부 획수 : 5획	別			
나눌 별, 다를 별		分別(분별)	別表(별표)		個別(개별)

病	부수 : 疒부 획수 : 5획	病			
병 병		病院(병원)	病患(병환)		持病(지병)

兵★	부수 : 八부 획수 : 5획	兵			
병사 병		兵士(병사)	兵營(병영)		兵科(병과)

服	부수 : 月부 획수 : 4획	服			
일할 복, 옷 복, 좇을 복		服裝(복장)	腹面(복면)		服從(복종)

福★	부수 : 示(礻)부 획수 : 9획	福			
복 복		禍福(화복)	福利(복리)		幸福(행복)

本	부수 : 木부 획수 : 1획	本			
근본 본		本來(본래)	本性(본성)	本質(본질)	

奉★	부수 : 大부 획수 : 5획	奉			
받들 봉		奉養(봉양)	奉仕(봉사)	奉送(봉송)	

父	제부수글자	父			
아비 부		父子(부자)	父女(부녀)	父母(부모)	

夫	부수 : 大부 획수 : 1획	夫			
사내 부, 지아비 부		夫君(부군)	夫婦(부부)	匹夫(필부)	

部	부수 : 邑(阝)부 획수 : 8획	部			
거느릴 부, 분류 부		部類(부류)	部分(부분)	部品(부품)	

北	부수 : 匕부 획수 : 3획	北			
북녘 북, 달아날 배		北半球(북반구)	北風(북풍)	北極(북극)	

分	부수 : 刀(刂)부 획수 : 2획	分			
나눌 분, 신분 분		分家(분가)	分校(분교)	分離(분리)	

不	부수 : 一부 획수 : 3획	不			
아닐 불, 아니 부		不變(불변)	不遜(불손)	不信(불신)	

比★	제부수글자	比			
견줄 비		比較(비교)	比例(비례)	比喩(비유)	

鼻★	제부수글자	鼻			
코 비		鼻炎(비염)	鼻音(비음)	鼻祖(비조)	

費★	부수 : 貝부 획수 : 5획	費			
쓸 비		經費(경비)	消費(소비)	浪費(낭비)	

氷★	부수 : 水(氵)부 획수 : 1획	氷			
얼음 빙, 얼 빙		氷上(빙상)	氷河(빙하)	氷解(빙해)	

四	부수 : 囗부 획수 : 2획	四			
넉 사		四角(사각)	四更(사경)	四君子(사군자)	

事	부수 : 亅부 획수 : 7획	事			
일 사, 섬길 사		事件(사건)	事故(사고)	事物(사물)	

社	부수: 示(礻)부 획수: 3획	社			
모일 사		社交(사교)	社長(사장)	會社(회사)	

使	부수: 人(亻)부 획수: 6획	使			
하여금 사		使命(사명)	使用(사용)	使節(사절)	

死	부수: 歹부 획수: 2획	死			
죽을 사		死亡(사망)	死傷(사상)	死鬪(사투)	

仕	부수: 人(亻)부 획수: 3획	仕			
벼슬 사, 섬길 사		奉仕(봉사)	出仕(출사)	給仕(급사)	

士	제부수글자	士			
선비 사		士卒(사졸)	士大夫(사대부)	騎士(기사)	

史	부수: 口부 획수: 2획	史			
사관 사, 역사 사		國史(국사)	歷史(역사)	有史(유사)	

思	부수: 心(忄)부 획수: 5획	思			
생각 사		思考(사고)	思慮(사려)	思索(사색)	

寫★	부수 : 宀부 획수 : 12획	寫			
베낄 사		寫本(사본)	寫眞(사진)	寫實(사실)	

査★	부수 : 木부 획수 : 5획	査			
조사할 사		査察(사찰)	監査(감사)	檢査(검사)	

山	제부수글자	山			
산 산, 뫼 산		山水(산수)	山川(산천)	江山(강산)	

算	부수 : 竹부 획수 : 8획	算			
셈할 산		算數(산수)	算出(산출)	勝算(승산)	

産★	부수 : 生부 획수 : 6획	産			
낳을 산		産物(산물)	生産(생산)	遺産(유산)	

三	부수 : 一부 획수 : 2획	三			
석 삼		三聖(삼성)	三月(삼월)	第三(제삼)	

上	부수 : 一부 획수 : 2획	上			
위 상, 오를 상		上席(상석)	上下(상하)	上狀(상장)	

相★	부수 : 目부 획수 : 4획	相			
서로 상		相談(상담)		相異(상이)	相互(상호)

商★	부수 : 口부 획수 : 8획	商			
장사 상, 헤아릴 상		商街(상가)		商法(상법)	商社(상사)

賞★	부수 : 貝부 획수 : 8획	賞			
상줄 상, 칭찬할 상		賞金(상금)		賞狀(상장)	懸賞(현상)

色	제부수글자	色			
빛 색		色彩(색채)		色調(색조)	色盲(색맹)

生	제부수글자	生			
날 생		生死(생사)		生産(생산)	出生(출생)

西	부수 : 襾부 획수 : 0획	西			
서녘 서		西半球(서반구)		西向(서향)	泰西(태서)

書	부수 : 曰부 획수 : 6획	書			
책 서, 글 서		書冊(서책)		書店(서점)	藏書(장서)

序★	부수 : 广부 획수 : 4획	序				
차례 서		秩序(질서)		序文(서문)		序頭(서두)

夕	제부수글자	夕				
저녁 석		夕刊(석간)		夕陽(석양)		朝夕(조석)

石	제부수글자	石				
돌 석		化石(화석)		巖石(암석)		盤石(반석)

席	부수 : 巾부 획수 : 7획	席				
자리 석		席次(석차)		席卷(석권)		客席(객석)

先	부수 : 儿부 획수 : 4획	先				
먼저 선		先唱(선창)		先祖(선조)		先後(선후)

線	부수 : 糸부 획수 : 9획	線				
줄 선, 일 선		線路(선로)		線形(선형)		光線(광선)

仙★	부수 : 人(亻)부 획수 : 3획	仙				
신선 선		仙人(선인)		仙女(선녀)		神仙(신선)

한자	부수/획수	훈음	예시
鮮★	부수: 魚부 / 획수: 6획	생선 선, 고울 선	鮮明(선명) 鮮血(선혈) 新鮮(신선)
善★	부수: 口부 / 획수: 9획	좋을 선, 착할 선, 잘할 선	善惡(선악) 善行(선행) 勸善(권선)
船★	부수: 舟부 / 획수: 5획	배 선	船泊(선박) 船籍(선적) 船窓(선창)
選★	부수: 辵(辶)부 / 획수: 12획	가릴 선, 뽑을 선	選擧(선거) 選出(선출) 選拔(선발)
雪	부수: 雨부 / 획수: 3획	눈 설, 씻을 설	雪景(설경) 雪辱(설욕) 萬年雪(만년설)
說★	부수: 言부 / 획수: 7획	말씀 설, 달랠 세, 기쁠 열	說得(설득) 說明(설명) 小說(소설)
姓	부수: 女부 / 획수: 5획	성씨 성, 겨레 성	姓名(성명) 本姓(본성) 同姓(동성)

成	부수 : 戈부 획수 : 3획	成			
이룰 성, 이루어질 성		成功(성공)	結成(결성)	完成(완성)	

省	부수 : 目부 획수 : 4획	省			
살필 성, 덜 생		省察(성찰)	反省(반성)	省略(생략)	

性★	부수 : 心(忄)부 획수 : 5획	性			
성품 성, 성별 성		性質(성질)	性別(성별)	性向(성향)	

世	부수 : 一부 획수 : 4획	世			
세대 세, 세상 세		世代(세대)	世上(세상)	世界(세계)	

歲★	부수 : 止부 획수 : 9획	歲			
해 세, 나이 세		歲拜(세배)	歲月(세월)	歲出(세출)	

洗★	부수 : 水(氵)부 획수 : 6획	洗			
씻을 세		洗濯(세탁)	洗眼(세안)	洗腦(세뇌)	

小	제부수글자	小			
작을 소		小量(소량)	小文字(소문자)	大小(대소)	

少	부수 : 小부 획수 : 1획	少			
적을 소, 젊을 소		老少(노소)	少額(소액)	減少(감소)	

所	부수 : 戶부 획수 : 4획	所			
바 소, 곳 소		所屬(소속)	所藏(소장)	處所(처소)	

消	부수 : 水(氵)부 획수 : 7획	消			
사라질 소		消滅(소멸)	消極的(소극적)	消費(소비)	

速	부수 : 辵(辶)부 획수 : 7획	速			
빠를 속		速度(속도)	速力(속력)	速報(속보)	

束★	부수 : 木부 획수 : 3획	束			
묶을 속		束縛(속박)	拘束(구속)	團束(단속)	

孫	부수 : 子부 획수 : 7획	孫			
손자 손		孫子(손자)	嫡孫(적손)	直孫(직손)	

水	제부수글자	水			
물 수		水運(수운)	水草(수초)	旱水(한수)	

手	제부수글자	手			
손 수		手足(수족)	失手(실수)	手工(수공)	

數	부수 : 攴(攵)부 획수 : 11획	數			
셈 수, 자주 삭, 촘촘할 촉		數學(수학)	數次(수차)	度數(도수)	

樹	부수 : 木부 획수 : 12획	樹			
나무 수		樹木(수목)	樹脂(수지)	桂樹(계수)	

首★	제부수글자	首			
머리 수		首領(수령)	首都(수도)	首腦(수뇌)	

宿★	부수 : 宀부 획수 : 8획	宿			
묵을 숙		宿泊(숙박)	宿食(숙식)	宿願(숙원)	

順★	부수 : 頁부 획수 : 3획	順			
순할 순, 차례 순		順序(순서)	順列(순열)	順應(순응)	

術	부수 : 行부 획수 : 5획	術			
꾀 술, 재주 술		術數(술수)	技術(기술)	魔術(마술)	

習	부수 : 羽부 획수 : 5획	習			
익힐 습		習得(습득)	學習(학습)	復習(복습)	

勝	부수 : 力부 획수 : 10획	勝			
이길 승, 나을 승		勝利(승리)	勝敗(승패)	勝者(승자)	

市	부수 : 巾부 획수 : 2획	市			
저자 시		市街(시가)	市場(시장)	都市(도시)	

時	부수 : 日부 획수 : 6획	時			
때 시		時勢(시세)	時間(시간)	時計(시계)	

始	부수 : 女부 획수 : 5획	始			
비롯할 시, 처음 시		始終(시종)	始初(시초)	始末(시말)	

示★	제부수글자	示			
보일 시		示唆(시사)	示威(시위)	公示(공시)	

食	제부수글자	食			
밥 식		食事(식사)	食堂(식당)	飮食(음식)	

植	부수 : 木부 획수 : 8획	植			
심을 식		植物(식물)	植樹(식수)	移植(이식)	

式	부수 : 弋부 획수 : 3획	式			
법 식, 예식 시		式場(식장)	舊式(구식)	方式(방식)	

識★	부수 : 言부 획수 : 12획	識			
알 식, 적을 지		識見(식견)	良識(양식)	學識(학식)	

信	부수 : 人(亻)부 획수 : 7획	信			
믿을 신		信賴(신뢰)	信仰(신앙)	迷信(미신)	

身	제부수글자	身			
몸 신		身手(신수)	身邊(신변)	身命(신명)	

新	부수 : 斤부 획수 : 9획	新			
새 신, 곱게할 신		新刊(신간)	新郞(신랑)	新語(신어)	

神	부수 : 示(礻)부 획수 : 5획	神			
귀신 신, 정신 신		神權(신권)	神童(신동)	神學(신학)	

臣★	제부수글자	臣			
신하 신		臣民(신민)	臣下(신하)	奸臣(간신)	

室	부수 : 宀부 획수 : 6획	室			
방 실, 집 실		室內(실내)	敎室(교실)	皇室(황실)	

失	부수 : 大부 획수 : 2획	失			
잃을 실, 허물 실		失權(실권)	失敗(실패)	得失(득실)	

實★	부수 : 宀부 획수 : 11획	實			
열매 실, 참될 실		實質(실질)	實感(실감)	結實(결실)	

心	제부수글자	心			
심장 심, 마음 심		心氣(심기)	心思(심사)	好奇心(호기심)	

十	제부수글자	十			
열 십		十字(십자)	十進法(십진법)	十八番(십팔번)	

兒★	부수 : 儿부 획수 : 6획	兒			
아이 아		兒童(아동)	健兒(건아)	胎兒(태아)	

惡 ★	부수 : 心(忄)부 획수 : 8획	惡			
악할 악, 싫어할 오		惡德(악덕)	惡夢(악몽)		惡化(악화)

安	부수 : 宀부 획수 : 3획	安			
편안할 안		安易(안이)	安全(안전)		治安(치안)

案 ★	부수 : 木부 획수 : 6획	案			
책상 안, 생각할 안		案件(안건)	起案(기안)		提案(제안)

愛	부수 : 心(忄)부 획수 : 9획	愛			
사랑할 애, 아낄 애		愛情(애정)	愛憎(애증)		慈愛(자애)

野	부수 : 里부 획수 : 4획	野			
들 야		野球(야구)	野望(야망)		野獸(야수)

夜	부수 : 夕부 획수 : 5획	夜			
밤 야		夜景(야경)	夜勤(야근)		夜學(야학)

弱	부수 : 弓부 획수 : 7획	弱			
약할 약		弱點(약점)	強弱(강약)		虛弱(허약)

藥	부수 : 艸(艹)부 획수 : 15획	藥					
약 약		藥房(약방)		漢藥(한약)		藥局(약국)	

約★	부수 : 糸부 획수 : 3획	約					
묶을 약, 간략할 약		約束(약속)		契約(계약)		約婚(약혼)	

洋	부수 : 水(氵)부 획수 : 6획	洋					
큰바다 양, 서양 양		洋裝(양장)		洋學(양학)		海洋(해양)	

陽	부수 : 阜(阝)부 획수 : 9획	陽					
따뜻할 양, 볕 양		陽極(양극)		陽性(양성)		斜陽(사양)	

養★	부수 : 食부 획수 : 6획	養					
기를 양		養老(양로)		養育(양육)		療養(요양)	

語	부수 : 言부 획수 : 7획	語					
말씀 어		語學(어학)		言語(언어)		論語(논어)	

魚★	제부수글자	魚					
고기 어		魚肉(어육)		魚脯(어포)		魚膾(어회)	

漁★	부수: 水(氵)부 획수: 11획	漁			
고기잡을 어		漁夫(어부)	漁船(어선)	漁獲(어획)	

億★	부수: 人(亻)부 획수: 13획	億			
억 억		億萬(억만)	億兆(억조)	十億(십억)	

言	제부수글자	言			
말씀 언		言質(언질)	言辭(언사)	格言(격언)	

業	부수: 木부 획수: 9획	業			
일 업, 직업 업		業界(업계)	大業(대업)	工業(공업)	

然	부수: 火(灬)부 획수: 8획	然			
그러할 연, 불탈 연		果然(과연)	漠然(막연)	隱然(은연)	

熱★	부수: 火(灬)부 획수: 11획	熱			
더울 열		熱氣(열기)	熱烈(열렬)	熱意(열의)	

葉★	부수: 艸(艹)부 획수: 9획	葉			
잎 엽		葉書(엽서)	葉脈(엽맥)	紅葉(홍엽)	

英	부수: 艸(艹)부 획수: 5획	英			
꽃부리 영, 빼어날 영		英雄(영웅)		英語(영어)	英文(영문)

永	부수: 水부 획수: 1획	永			
길 영, 오랠 영		永劫(영겁)		永世(영세)	永遠(영원)

五	부수: 二부 획수: 2획	五			
다섯 오		五更(오경)		五輪旗(오륜기)	五行(오행)

午	부수: 十부 획수: 2획	午			
낮 오		午前(오전)		午餐(오찬)	午後(오후)

屋★	부수: 尸부 획수: 6획	屋			
집 옥		屋外(옥외)		屋上(옥상)	家屋(가옥)

溫	부수: 水(氵)부 획수: 10획	溫			
따뜻할 온		溫度(온도)		溫和(온화)	保溫(보온)

完★	부수: 宀부 획수: 4획	完			
완전할 완		完璧(완벽)		完全(완전)	補完(보완)

王	부수 : 玉(王)부 획수 : 0획	王			
임금 왕		王位(왕위)	王后(왕후)	國王(국왕)	

外	부수 : 夕부 획수 : 2획	外			
바깥 외		外角(외각)	外泊(외박)	號外(호외)	

要★	부수 : 襾부 획수 : 3획	要			
중요할 요, 구할 요		要件(요건)	要所(요소)	要點(요점)	

曜★	부수 : 日부 획수 : 14획	曜			
빛(빛날) 요, 요일 요		曜日(요일)	水曜日(수요일)	土曜日(토요일)	

浴★	부수 : 水(氵)부 획수 : 7획	浴			
목욕할 욕		浴室(욕실)	入浴(입욕)	海水浴(해수욕)	

勇	부수 : 力부 획수 : 7획	勇			
날랠 용, 용감할 용		勇敢(용감)	勇氣(용기)	勇猛(용맹)	

用	제부수글자	用			
쓸 용, 베풀 용		用件(용건)	費用(비용)	應用(응용)	

右	부수 : 口부 획수 : 2획	右				
오른 우		右翼(우익)		右派(우파)		左右(좌우)

雨★	제부수글자	雨				
비 우		雨傘(우산)		雨衣(우의)		降雨(강우)

友★	부수 : 又부 획수 : 2획	友				
벗 우		友邦(우방)		友情(우정)		交友(교우)

牛★	제부수글자	牛				
소 우		牛馬(우마)		牛乳(우유)		牧牛(목우)

運	부수 : 辵(辶)부 획수 : 9획	運				
돌 운, 옮길 운		運動(운동)		運送(운송)		幸運(행운)

雲★	부수 : 雨부 획수 : 4획	雲				
구름 운		雲霧(운무)		白雲(백운)		風雲(풍운)

雄★	부수 : 隹부 획수 : 4획	雄				
수컷 웅, 웅장할 웅		雄略(웅략)		雄飛(웅비)		英雄(영웅)

園	부수 : 口부 획수 : 10획	園				
동산 원		園藝(원예)		庭園(정원)		幼稚園(유치원)

遠	부수 : 辵(辶)부 획수 : 10획	遠				
멀 원		遠近(원근)		遠視(원시)		遠征(원정)

元★	부수 : 儿부 획수 : 2획	元				
으뜸 원		元祖(원조)		元老(원로)		元首(원수)

願★	부수 : 頁부 획수 : 10획	願				
원할 원		願書(원서)		祈願(기원)		請願(청원)

原★	부수 : 厂부 획수 : 8획	原				
언덕 원, 근원 원		原本(원본)		原始(원시)		原因(원인)

院★	부수 : 阜(阝)부 획수 : 7획	院				
집 원, 담 원		院長(원장)		開院(개원)		學院(학원)

月	제부수글자	月				
달 월		月次(월차)		月刊(월간)		月給(월급)

偉★	부수: 人(亻)부 획수: 9획	偉			
클 위, 위대할 위		偉大(위대)	偉容(위용)	偉人(위인)	

位★	부수: 人(亻)부 획수: 5획	位			
위치 위, 자리 위		位置(위치)	位相(위상)	寶位(보위)	

有	부수: 月부 획수: 2획	有			
있을 유		有利(유리)	有名(유명)	有效(유효)	

由	부수: 田부 획수: 0획	由			
말미암을 유		由緒(유서)	事由(사유)	自由(자유)	

油	부수: 水(氵)부 획수: 5획	油			
기름 유		油畫(유화)	油性(유성)	燈油(등유)	

育	부수: 肉(月)부 획수: 4획	育			
기를 육		育成(육성)	敎育(교육)	體育(체육)	

銀	부수: 金부 획수: 6획	銀			
은 은		銀色(은색)	銀製(은제)	銀河水(은하수)	

音	제부수글자	音					
소리 음		音讀(음독)		音樂(음악)		音聲(음성)	

飮	부수:食부 획수:4획	飮					
마실 음		飮食(음식)		飮酒(음주)		過飮(과음)	

邑	제부수글자	邑					
고을 읍		邑面(읍면)		同邑(동읍)		邑里(읍리)	

意	부수:心부 획수:9획	意					
뜻 의		意味(의미)		意向(의향)		本意(본의)	

醫	부수:酉부 획수:11획	醫					
의사 의, 치료할 의		醫師(의사)		醫療(의료)		名醫(명의)	

衣	제부수글자	衣					
옷 의		衣食住(의식주)		衣服(의복)		下衣(하의)	

二	제부수글자	二					
두 이		二進法(이진법)		二次元(이차원)		二村(이촌)	

以★	부수 : 人부 획수 : 3획	以			
써 이		以内(이내)		以來(이래)	以後(이후)

耳★	제부수글자	耳			
귀 이		耳目(이목)		耳順(이순)	牛耳(우이)

人	제부수글자	人			
사람 인		人情(인정)		人間(인간)	人品(인품)

因★	부수 : 囗부 획수 : 3획	因			
인할 인		因數(인수)		因習(인습)	原因(원인)

一	제부수글자	一			
한 일		一方(일방)		一流(일류)	一面(일면)

日	제부수글자	日			
날 일		日程(일정)		日常(일상)	週日(주일)

任★	부수 : 人(亻)부 획수 : 4획	任			
맡길 임		任期(임기)		責任(책임)	辭任(사임)

入	제부수글자	入		
들 입		出入(출입)	入手(입수)	加入(가입)

自	제부수글자	自		
스스로 자		自手(자수)	自作(자작)	自由(자유)

子	제부수글자	子		
아들 자		子息(자식)	獨子(독자)	子女(자녀)

字	부수 : 子부 획수 : 3획	字		
글자 자		字音(자음)	字典(자전)	誤字(오자)

者	부수 : 耂(老)부 획수 : 5획	者		
놈 자, 사람 자		爲政者(위정자)	亡者(망자)	强者(강자)

昨	부수 : 日부 획수 : 5획	昨		
어제 작		昨日(작일)	日昨(일작)	昨年(작년)

作	부수 : 人(亻)부 획수 : 5획	作		
지을 작		作成(작성)	始作(시작)	作法(작법)

長	제부수글자	長			
긴 장, 나을 장, 어른 장		長老(장로)		短長(단장)	長篇(장편)

場	부수 : 土부 획수 : 9획	場			
마당 장		場所(장소)		市場(시장)	工場(공장)

章	부수 : 立부 획수 : 6획	章			
글 장		肩章(견장)		印章(인장)	勳章(훈장)

才	부수 : 手부 획수 : 0획	才			
재주 재		才幹(재간)		才氣(재기)	才人(재인)

在	부수 : 土부 획수 : 3획	在			
있을 재		在庫(재고)		在社(재사)	在室(재실)

財★	부수 : 貝부 획수 : 3획	財			
재물 재, 재산 재		財務(재무)		財貨(재화)	文化財(문화재)

材★	부수 : 木부 획수 : 3획	材			
재목 재, 재주 재		材木(재목)		材質(재질)	取材(취재)

災★	부수 : 火(灬)부 획수 : 3획	災			
재앙 재		災殃(재앙)		災難(재난)	天災(천재)

再★	부수 : 冂부 획수 : 4획	再			
다시 재, 거듭 재		再臨(재림)		再婚(재혼)	再會(재회)

爭★	부수 : 爪(爫)부 획수 : 4획	爭			
다툴 쟁		爭議(쟁의)		爭點(쟁점)	爭奪(쟁탈)

貯★	부수 : 貝부 획수 : 5획	貯			
쌓을 저		貯蓄(저축)		貯藏(저장)	貯水池(저수지)

的★	부수 : 白부 획수 : 3획	的			
과녁 적, 목표 적		的中(적중)		物的(물적)	病的(병적)

赤★	제부수글자	赤			
붉을 적		赤字(적자)		赤信號(적신호)	赤十字(적십자)

電	부수 : 雨부 획수 : 5획	電			
전기 전		電光(전광)		電流(전류)	電氣(전기)

全	부수 : 入부 획수 : 4획	全			
온전할 전, 모두 전		全國(전국)	全能(전능)	全的(전적)	

前	부수 : 刀(刂)부 획수 : 7획	前			
앞 전, 앞설 전		前例(전례)	前半期(전반기)	以前(이전)	

戰	부수 : 戈부 획수 : 12획	戰			
싸울 전		戰爭(전쟁)	戰勢(전세)	敗戰(패전)	

典★	부수 : 八부 획수 : 6획	典			
의식 전, 법 전, 책 전		典故(전고)	典型(전형)	出典(출전)	

傳★	부수 : 人(亻)부 획수 : 11획	傳			
전할 전, 전기 전		傳達(전달)	傳染(전염)	傳統(전통)	

展★	부수 : 尸부 획수 : 7획	展			
펼 전		展開(전개)	展覽(전람)	發展(발전)	

節★	부수 : 竹부 획수 : 9획	節			
마디 절, 예절 절		節減(절감)	節氣(절기)	節水(절수)	

切★	부수: 刀(刂)부 획수: 2획	切			
끊을 절, 온통 체		切斷(절단)	切片(절편)	一切(일체)	

店★	부수: 广부 획수: 5획	店			
가게 점, 점포 점		店鋪(점포)	店員(점원)	支店(지점)	

正	부수: 止부 획수: 1획	正			
바를 정		正答(정답)	正堂(정당)	正確(정확)	

庭	부수: 广부 획수: 7획	庭			
뜰 정		庭園(정원)	家庭(가정)	校庭(교정)	

定	부수: 宀부 획수: 5획	定			
정할 정		定議(정의)	定住(정주)	定立(정립)	

情★	부수: 心(忄)부 획수: 8획	情			
뜻 정, 사실 정		情感(정감)	情欲(정욕)	同情(동정)	

停★	부수: 人(亻)부 획수: 9획	停			
머무를 정		停頓(정돈)	停留(정류)	停滯(정체)	

弟	부수 : 弓부 획수 : 4획	弟			
아우 제		弟子(제자)	兄弟(형제)	師弟(사제)	

第	부수 : 竹부 획수 : 5획	第			
차례 제		第一(제일)	及第(급제)	落第(낙제)	

題	부수 : 頁부 획수 : 9획	題			
제목 제, 표제 제		題目(제목)	宿題(숙제)	表題(표제)	

祖	부수 : 示(礻)부 획수 : 5획	祖			
할아버지 조, 조상 조		祖國(조국)	先祖(선조)	始祖(시조)	

朝	부수 : 月부 획수 : 8획	朝			
아침 조		朝夕(조석)	朝餐(조찬)	朝會(조회)	

調*	부수 : 言부 획수 : 8획	調			
고를 조, 조사할 조		調和(조화)	調理(조리)	語調(어조)	

操*	부수 : 手(扌)부 획수 : 13획	操			
잡을 조		操作(조작)	貞操(정조)	體操(체조)	

足	제부수글자	足			
발 족		不足(부족)	手足(수족)	充足(충족)	

族	부수 : 方부 획수 : 7획	族			
겨레 족		家族(가족)	部族(부족)	王族(왕족)	

卒★	부수 : 十부 획수 : 6획	卒			
마칠 졸, 군사 졸		卒業(졸업)	大卒(대졸)	將卒(장졸)	

種★	부수 : 禾부 획수 : 9획	種			
씨 종, 심을 종		種類(종류)	播種(파종)	各種(각종)	

終★	부수 : 糸부 획수 : 5획	終			
마칠 종, 끝날 종		終末(종말)	終結(종결)	最終(최종)	

左	부수 : 工부 획수 : 2획	左			
왼 좌		左大臣(좌대신)	左遷(좌천)	左派(좌파)	

罪★	부수 : 网(罒)부 획수 : 8획	罪			
허물 죄		罪囚(죄수)	免罪(면죄)	無罪(무죄)	

主	부수 : 丶부 획수 : 4획	主			
주인 주		主客(주객)		主人(주인)	主治醫(주치의)

住	부수 : 人(亻)부 획수 : 5획	住			
살 주		住所(주소)		居住(거주)	移住(이주)

注	부수 : 水(氵)부 획수 : 5획	注			
물댈 주		脚注(각주)		注文(주문)	注意(주의)

晝	부수 : 日부 획수 : 7획	晝			
낮 주		晝間(주간)		晝食(주식)	白晝(백주)

週★	부수 : 辵(辶)부 획수 : 8획	週			
돌 주, 일주 주		週間(주간)		隔週(격주)	每週(매주)

州★	부수 : 巛(川)부 획수 : 3획	州			
고을 주		九州(구주)		六大洲(육대주)	三角洲(삼각주)

中	부수 : 丨부 획수 : 3획	中			
가운데 중		中上(중상)		中間(중간)	途中(도중)

重	부수 : 里부 획수 : 2획	重			
무거울 중		重量(중량)	輕重(경중)	重責(중책)	

紙	부수 : 糸부 획수 : 4획	紙			
종이 지		紙面(지면)	紙幣(지폐)	白紙(백지)	

地	부수 : 土부 획수 : 3획	地			
땅 지		地理(지리)	地域(지역)	各地(각지)	

知★	부수 : 矢부 획수 : 3획	知			
알 지		知識(지식)	知人(지인)	知的(지적)	

止★	제부수글자	止			
그칠 지		止揚(지양)	止血(지혈)	中止(중지)	

直	부수 : 目부 획수 : 3획	直			
곧을 직		直接(직접)	直立(직립)	直行(직행)	

質★	부수 : 貝부 획수 : 8획	質			
바탕 질		質素(질소)	資質(자질)	本質(본질)	

集	부수 : 隹부 획수 : 4획	集			
모일 집		集大成(집대성)	募集(모집)	集約(집약)	

着★	부수 : 目부 획수 : 7획	着			
도착할 착, 입을 착		着陸(착륙)	着席(착석)	倒着(도착)	

參★	부수 : 厶부 획수 : 9획	參			
참가할 참, 석 삼		參考(참고)	參席(참석)	參照(참조)	

窓	부수 : 穴부 획수 : 6획	窓			
창 창		窓門(창문)	天窓(천창)	車窓(차창)	

唱★	부수 : 口부 획수 : 8획	唱			
노래부를 창		歌唱(가창)	重唱(중창)	合唱(합창)	

責★	부수 : 貝부 획수 : 4획	責			
꾸짖을 책		責任(책임)	責務(책무)	呵責(가책)	

川	제부수글자	川			
내 천		名川(명천)	河川(하천)	逝川(서천)	

千	부수 : 十부 획수 : 1획	千			
일천 천		千里(천리)	千秋(천추)	百千(백천)	

天	부수 : 大부 획수 : 1획	天			
하늘 천		天空(천공)	天地(천지)	天池(천지)	

鐵	부수 : 金부 획수 : 13획	鐵			
쇠 철, 철물 철		鐵物(철물)	地下鐵(지하철)	鐵骨(철골)	

靑	제부수글자	靑			
푸를 청		靑色(청색)	靑年(청년)	靑山(청산)	

淸	부수 : 水(氵)부 획수 : 8획	淸			
맑을 청		淸明(청명)	淸廉(청렴)	淸掃(청소)	

體	부수 : 骨부 획수 : 13획	體			
몸 체		體育(체육)	體操(체조)	肉體(육체)	

草	부수 : 艸(艹)부 획수 : 6획	草			
풀 초, 초할 초		草創期(초창기)	草木(초목)	草案(초안)	

初★	부수 : 刀(刂)부 획수 : 5획	初			
처음 초		初盤(초반)	始初(시초)	初等(초등)	

寸	제부수글자	寸			
마디 촌		寸刻(촌각)	寸志(촌지)	四寸(사촌)	

村	부수 : 木부 획수 : 3획	村			
마을 촌		村落(촌락)	一村(일촌)	富村(부촌)	

最★	부수 : 日부 획수 : 8획	最			
가장 최		最高(최고)	最上(최상)	最短(최단)	

秋	부수 : 禾부 획수 : 4획	秋			
가을 추		秋夕(추석)	秋收(추수)	春秋(춘추)	

祝★	부수 : 示(礻)부 획수 : 5획	祝			
빌 축		祝歌(축가)	祝賀(축하)	祝辭(축사)	

春	부수 : 日부 획수 : 5획	春			
봄 춘		春夢(춘몽)	春川(춘천)	常春(상춘)	

出	부수 : 凵부 획수 : 3획	出			
날 출		出缺(출결)	出生(출생)	出沒(출몰)	

充 ★	부수 : 儿부 획수 : 4획	充			
찰 충		充分(충분)	充滿(충만)	充足(충족)	

致 ★	부수 : 至부 획수 : 4획	致			
이를 치, 보낼 치		致命(치명)	景致(경치)	筆致(필치)	

則 ★	부수 : 刀(刂)부 획수 : 7획	則			
법칙 칙, 곧 즉, 본받을 측		原則(원칙)	法則(법칙)	守則(수칙)	

親	부수 : 見부 획수 : 9획	親			
어버이 친, 친할 친		親切(친절)	親戚(친척)	孝親(효친)	

七	부수 : 一부 획수 : 1획	七			
일곱 칠		七夕(칠석)	七言(칠언)	七星(칠성)	

打 ★	부수 : 手(扌)부 획수 : 2획	打			
칠 타		打倒(타도)	打手(타수)	打破(타파)	

他★	부수 : 人(亻)부 획수 : 3획	他			
다를 타		他人(타인)	他者(타자)	自他(자타)	

卓★	부수 : 十부 획수 : 6획	卓			
높을 탁, 탁자 탁		卓上(탁상)	卓越(탁월)	圓卓(원탁)	

炭★	부수 : 火부 획수 : 5획	炭			
숯 탄		炭化(탄화)	褐炭(갈탄)	石炭(석탄)	

太	부수 : 大부 획수 : 1획	太			
콩 태, 클 태		太豆(태두)	太古(태고)	太陰(태음)	

宅★	부수 : 宀부 획수 : 3획	宅			
집 택, 집 댁		邸宅(저택)	住宅(주택)	宅配(택배)	

土	제부수글자	土			
흙 토		土地(토지)	黃土(황토)	出土(출토)	

通	부수 : 辵(辶)부 획수 : 7획	通			
통할 통		通過(통과)	通路(통로)	通貨(통화)	

特	부수 : 牛부 획수 : 6획	特			
특히 특		特別(특별)	特差(특차)	特産物(특산물)

板 ★	부수 : 木부 획수 : 4획	板			
널판 판, 판목 판		板書(판서)	板屋(판옥)	板紙(판지)

八	제부수글자	八			
여덟 팔		八角(팔각)	八方(팔방)	八達(팔달)

敗 ★	부수 : 攴(攵)부 획수 : 7획	敗			
깨뜨릴 패		敗亡(패망)	敗北(패배)	勝敗(승패)

便	부수 : 人(亻)부 획수 : 7획	便			
편할 편, 오줌 변		便利(편리)	便宜(편의)	簡便(간편)

平	부수 : 干부 획수 : 2획	平			
평평할 평		平面(평면)	平和(평화)	平衡(평형)

表	부수 : 衣(衤)부 획수 : 3획	表			
겉 표		表紙(표지)	表裏(표리)	代表(대표)

品★	부수 : 口부 획수 : 6획	品			
물건 품		品質(품질)		品性(품성)	物品(물품)

風	제부수글자	風			
바람 풍, 관습 풍		風波(풍파)		氣風(기풍)	風俗(풍속)

必★	부수 : 心(忄)부 획수 : 1획	必			
반드시 필		必要(필요)		必讀(필독)	必須(필수)

筆★	부수 : 竹부 획수 : 6획	筆			
붓 필		筆致(필치)		筆跡(필적)	鉛筆(연필)

下	부수 : 一부 획수 : 2획	下			
아래 하, 내릴 하		下行(하행)		下品(하품)	卑下(비하)

夏	부수 : 夂부 획수 : 7획	夏			
여름 하		夏季(하계)		夏服(하복)	夏至(하지)

河★	부수 : 水(氵)부 획수 : 5획	河			
강 하		河岸(하안)		河溪(하계)	氷河(빙하)

學	부수 : 子부 획수 : 13획	學			
배울 학		學校(학교)	學習(학습)	學生(학생)	

韓	부수 : 韋부 획수 : 8획	韓			
나라이름 한, 성 한		韓國(한국)	北韓(북한)	三韓(삼한)	

漢	부수 : 水(氵)부 획수 : 11획	漢			
한수 한		漢文(한문)	漢詩(한시)	漢字(한자)	

寒★	부수 : 宀부 획수 : 9획	寒			
찰 한, 추위 한		寒波(한파)	寒食(한식)	寒暖(한난)	

合	부수 : 口부 획수 : 3획	合			
합할 합, 모일 합		合唱(합창)	會合(회합)	合金(합금)	

海	부수 : 水(氵)부 획수 : 7획	海			
바다 해		海洋(해양)	海流(해류)	海外(해외)	

害★	부수 : 宀부 획수 : 7획	害			
해로울 해		害蟲(해충)	損害(손해)	沮害(저해)	

幸	부수 : 干부 획수 : 5획	幸			
다행 행		幸福(행복)		多幸(다행)	幸運(행운)

行	제부수글자	行			
다닐 행, 항렬 항		行先地(행선지)		素行(소행)	夜行(야행)

向	부수 : 口부 획수 : 3획	向			
향할 향		向上(향상)		南向(남향)	志向(지향)

許	부수 : 言부 획수 : 4획	許			
허락할 허		許諾(허락)		許容(허용)	特許(특허)

現	부수 : 玉(王)부 획수 : 7획	現			
나타날 현, 지금 현		現實(현실)		現世(현세)	現世(현세)

兄	부수 : 儿부 획수 : 3획	兄			
맏 형, 형 형		兄弟(형제)		長兄(장형)	學兄(학형)

形	부수 : 彡부 획수 : 4획	形			
형상 형		刑罰(형벌)		刑法(형법)	酷刑(혹형)

號	부수 : 虍부 획수 : 7획	號			
부를 호, 이름 호		番號(번호)	等號(등호)	信號(신호)	

湖*	부수 : 水(氵)부 획수 : 9획	湖			
호수 호		湖水(호수)	潟湖(석호)	湖畔(호반)	

火	제부수글자	火			
불 화		火災(화재)	火山(화산)	放火(방화)	

話	부수 : 言부 획수 : 6획	話			
말할 화		電話(전화)	談話(담화)	話題(화제)	

花	부수 : 艸(艹)부 획수 : 4획	花			
꽃 화		花園(화원)	花壇(화단)	梨花(이화)	

和	부수 : 口부 획수 : 5획	和			
화할 화, 화목할 화		和平(화평)	調和(조화)	和合(화합)	

畫	부수 : 田부 획수 : 7획	畫			㊗ 畵
그림 화, 그을 획		畫伯(화백)	畫報(화보)	畫一(획일)	

化★	부수 : 匕부 획수 : 2획	化			
될 화		化學(화학)	化粧(화장)	融化(융화)	

患★	부수 : 心(忄)부 획수 : 7획	患			
근심할 환		憂患(우환)	病患(병환)	疾患(질환)	

活	부수 : 水(氵)부 획수 : 6획	活			
살 활, 살림 활		活用(활용)	生活(생활)	活氣(활기)	

黃	제부수글자	黃			
누를 황		黃菊(황국)	黃色(황색)	朱黃(주황)	

會	부수 : 曰부 획수 : 9획	會			
모일 회, 모을 회		會議(회의)	會談(회담)	密會(밀회)	

孝	부수 : 子부 획수 : 4획	孝			
효도 효		孝道(효도)	孝子(효자)	孝心(효심)	

效★	부수 : 攴(攵)부 획수 : 6획	效			
본받을 효		效果(효과)	效驗(효험)	無效(무효)	

後	부수 : 彳부 획수 : 6획	後			
뒤 후		後進(후진)	後輩(후배)	後悔(후회)	

訓	부수 : 言부 획수 : 3획	訓			
가르칠 훈		訓育(훈육)	訓戒(훈계)	字訓(자훈)	

休	부수 : 人(亻)부 획수 : 4획	休			
쉴 휴		休暇(휴가)	休息(휴식)	休業(휴업)	

凶★	부수 : 凵부 획수 : 2획	凶			
흉할 흉		凶年(흉년)	凶作(흉작)	陰凶(음흉)	

黑★	제부수글자	黑			
검을 흑		黑點(흑점)	暗黑(암흑)	漆黑(칠흑)	

일자다음어(一字多音語)

- 한 字가 둘 이상의 音을 가진 漢字

한 자	음과 뜻	용 례	쓰기연습		
車	수레 거	人力車(인력거)	人力車		
	수레 차	自動車(자동차)	自動車		
	성 차	車氏(차씨)	車氏		
見	보다 견	見聞(견문)	見聞		
	뵐 현	謁見(알현)	謁見		
宅	집 택	住宅(주택)	住宅		
	집안 댁	宅內(댁내)	宅內		
度	정도 도	尺度(척도)	尺度		
	헤아리다 탁	忖度(촌탁)	忖度		
讀	읽다 독	朗讀(낭독)	朗讀		
	구절 두	句讀(구두)	句讀		
洞	고을 동	洞里(동리)	洞里		
	통하다 통	洞察(통찰)	洞察		
反	거스리다 반	違反(위반)	違反		
	뒤집다 번	反脣(번순)	反脣		
便	오줌 변	小便(소변)	小便		
	편하다 편	郵便(우편)	郵便		
復	회복하다 복	復歸(복귀)	復歸		
	다시 부	復活(부활)	復活		
北	북녘 북	北進(북진)	北進		
	달아나다 배	敗北(패배)	敗北		
分	나누다 분	分裂(분열)	分裂		
	단위 푼	分錢(푼전)	分錢		

不	아니다	불	不屈(불굴)	不屈		
	아니다	부	不當(부당)	不當		
參	석	삼	參萬(삼만)	參萬		
	참여하다	참	參加(참가)	參加		
說	말씀	설	說話(설화)	說話		
	달래다	세	遊說(유세)	遊說		
	기뻐하다	열	說樂(열락)	說樂		
省	살피다	성	省察(성찰)	省察		
	덜다	생	省略(생략)	省略		
數	셈하다	수	數學(수학)	數學		
	자주	삭	頻數(빈삭)	頻數		
	촘촘하다	촉	數罟(촉고)	數罟		
宿	묵다	숙	宿泊(숙박)	宿泊		
	성수	수	星宿(성수)	星宿		
食	먹다	식	斷食(단식)	斷食		
	밥	사	簞食瓢飮(단사표음)	簞食瓢飮		
識	알다	식	博識(박식)	博識		
	기록하다	지	標識(표지)	標識		
惡	악하다	악	惡德(악덕)	惡德		
	미워하다	오	憎惡(증오)	憎惡		
樂	풍류	악	器樂(기악)	器樂		
	즐기다	락	苦樂(고락)	苦樂		
	즐기다	락	樂山樂水(요산요수)	樂山樂水		
若	만일	약	萬若(만약)	萬若		
	반야	야	般若經(반야경)	般若經		

기출예상문제풀이

한자어독음

1

다음 漢字語의 讀音을 쓰시오.

① 河川 (　　)　② 特效 (　　)　③ 速度 (　　)
④ 技術 (　　)　⑤ 患者 (　　)　⑥ 價格 (　　)
⑦ 調査 (　　)　⑧ 祝歌 (　　)　⑨ 敗亡 (　　)
⑩ 感情 (　　)　⑪ 打球 (　　)　⑫ 可決 (　　)
⑬ 規則 (　　)　⑭ 財物 (　　)　⑮ 性質 (　　)
⑯ 商船 (　　)　⑰ 種類 (　　)　⑱ 漁具 (　　)
⑲ 知識 (　　)　⑳ 責任 (　　)　㉑ 再唱 (　　)
㉒ 氷板 (　　)　㉓ 競爭 (　　)　㉔ 浴室 (　　)
㉕ 福德 (　　)　㉖ 英雄 (　　)　㉗ 順序 (　　)
㉘ 變化 (　　)　㉙ 罪惡 (　　)　㉚ 宿題 (　　)
㉛ 節約 (　　)　㉜ 汽車 (　　)　㉝ 兵卒 (　　)
㉞ 景致 (　　)　㉟ 到着 (　　)

답

① 하천(강 하, 내 천) ② 특효(특히 특, 본받을 효) ③ 속도(빠를 속, 법도 도) ④ 기술(재주 기, 재주 술) ⑤ 환자(근심 환, 사람 자) ⑥ 가격(값 가, 바로잡을 격) ⑦ 조사(고를 조, 조사할 사) ⑧ 축가(빌 축, 노래 가) ⑨ 패망(깨뜨릴 패, 망할 망) ⑩ 감정(느낄 감, 뜻 정) ⑪ 타구(칠 타, 공 구) ⑫ 가결(옳을 가, 정할 결) ⑬ 규칙(법 규, 법칙 칙) ⑭ 재물(재물 재, 만물 물) ⑮ 성질(성품 성, 바탕 질) ⑯ 상선(장사 상, 배 선) ⑰ 종류(씨 종, 무리 류) ⑱ 어구(고기잡을 어, 갖출 구) ⑲ 지식(알 지, 알 식) ⑳ 책임(꾸짖을 책, 맡길 임) ㉑ 재창(두 번 재, 노래 창) ㉒ 빙판(얼음 빙, 널빤지 판) ㉓ 경쟁(싸울 경, 다툴 쟁) ㉔ 욕실(목욕할 욕, 집 실) ㉕ 복덕(복 복, 덕 덕) ㉖ 영웅(꽃부리 영, 수컷 웅) ㉗ 순서(순할 순, 차례 서) ㉘ 변화(변할 변, 될 화) ㉙ 죄악(허물 죄, 나쁠 악) ㉚ 숙제(묵을 숙, 표제 제) ㉛ 절약(마디 절, 묶을 약) ㉜ 기차(수증기·김 기, 수레 차) ㉝ 병졸(군사 병, 군사 졸) ㉞ 경치(별·경치 경, 보낼 치) ㉟ 도착(이를 도, 도착할·붙을 착)

2

다음 漢字語의 讀音을 쓰시오.

① 物價 (　　　)　② 加速 (　　　)　③ 過去 (　　　)
④ 決定 (　　　)　⑤ 競馬 (　　　)　⑥ 觀光 (　　　)
⑦ 情談 (　　　)　⑧ 財産 (　　　)　⑨ 相對 (　　　)
⑩ 許可 (　　　)　⑪ 節電 (　　　)　⑫ 惡德 (　　　)
⑬ 養魚 (　　　)　⑭ 幸福 (　　　)　⑮ 實査 (　　　)
⑯ 最善 (　　　)　⑰ 順位 (　　　)　⑱ 思考 (　　　)
⑲ 筆者 (　　　)　⑳ 終末 (　　　)　㉑ 卓球 (　　　)
㉒ 賞品 (　　　)　㉓ 要約 (　　　)　㉔ 戰船 (　　　)
㉕ 救命 (　　　)　㉖ 停止 (　　　)　㉗ 運河 (　　　)
㉘ 無形 (　　　)　㉙ 廣橋 (　　　)　㉚ 體操 (　　　)
㉛ 貴族 (　　　)　㉜ 獨島 (　　　)　㉝ 效果 (　　　)
㉞ 雲海 (　　　)　㉟ 浴室 (　　　)

답

① 물가(만물 물, 값 가)　② 가속(더할 가, 빠를 속)　③ 과거(지날·허물 과, 갈 거)　④ 결정(정할 결, 정할 정)　⑤ 경마(싸울 경, 말 마)　⑥ 관광(볼 관, 빛 광)　⑦ 정담(뜻 정, 말씀 담)　⑧ 재산(재물 재, 낳을 산)　⑨ 상대(서로 상, 대할·대답할 대)　⑩ 허가(허락할 허, 옳을 가)　⑪ 절전(마디 절, 번개 전)　⑫ 악덕(나쁠 악, 덕 덕)　⑬ 양어(기를 양, 물고기 어)　⑭ 행복(다행 행, 복 복)　⑮ 실사(열매 실, 조사할 사)　⑯ 최선(가장 최, 좋을·착할 선)　⑰ 순위(순할 순, 자리 위)　⑱ 사고(생각할 사, 상고할 고)　⑲ 필자(붓 필, 사람 자)　⑳ 종말(끝날 종, 끝 말)　㉑ 탁구(높을 탁, 공 구)　㉒ 상품(상줄 상, 물건 품)　㉓ 요약(구할·중요할 요, 묶을·간략할 약)　㉔ 전선(싸울 전, 배 선)　㉕ 구명(건질 구, 목숨 명)　㉖ 정지(머무를 정, 그칠 지)　㉗ 운하(돌 운, 강 하)　㉘ 무형(없을 무, 모양 형)　㉙ 광교(넓을 광, 다리 교)　㉚ 체조(몸 체, 잡을 조)　㉛ 귀족(귀할 귀, 겨레 족)　㉜ 독도(홀로 독, 섬 도)　㉝ 효과(본받을 효, 결과 과)　㉞ 운해(구름 운, 바다 해)　㉟ 욕실(목욕할 욕, 집 실)

3

다음 漢字語의 讀音을 쓰시오.

① 可決 (　　　)　② 健實 (　　　)　③ 競技 (　　　)
④ 改良 (　　　)　⑤ 景致 (　　　)　⑥ 性質 (　　　)
⑦ 調査 (　　　)　⑧ 漁具 (　　　)　⑨ 知識 (　　　)
⑩ 案件 (　　　)　⑪ 順序 (　　　)　⑫ 熱情 (　　　)
⑬ 黑炭 (　　　)　⑭ 寒害 (　　　)　⑮ 材料 (　　　)
⑯ 到着 (　　　)　⑰ 變化 (　　　)　⑱ 鐵馬 (　　　)
⑲ 傳說 (　　　)　⑳ 祝福 (　　　)　㉑ 廣板 (　　　)
㉒ 法則 (　　　)　㉓ 最初 (　　　)　㉔ 卓見 (　　　)
㉕ 選擧 (　　　)　㉖ 節約 (　　　)　㉗ 原因 (　　　)
㉘ 善惡 (　　　)　㉙ 無罪 (　　　)　㉚ 敗亡 (　　　)

㉛ 産災 (　　　)　　㉜ 宿望 (　　　)　　㉝ 基檀 (　　　)
㉞ 終局 (　　　)　　㉟ 奉仕 (　　　)

답

① 가결(옳을 가, 정할 결) ② 건실(튼튼할 건, 열매 실) ③ 경기(싸울 경, 재주 기) ④ 개량(고칠 개, 좋을 양) ⑤ 경치(볕·경치 경, 보낼 치) ⑥ 성질(성품 성, 바탕 질) ⑦ 조사(고를 조, 조사할 사) ⑧ 어구(고기잡을 어, 갖출 구) ⑨ 지식(알 지, 알 식) ⑩ 안건(책상 안, 사건 건) ⑪ 순서(순할 순, 차례 서) ⑫ 열정(더울 열, 뜻 정) ⑬ 흑탄(검을 흑, 숯 탄) ⑭ 한해(찰·추울 한, 해칠 해) ⑮ 재료(재목 재, 헤아릴 료) ⑯ 도착(이를 도, 도착할·붙을 착) ⑰ 변화(변할 변, 될 화) ⑱ 철마(쇠 철, 말 마) ⑲ 전설(전할 전, 말씀 설) ⑳ 축복(빌 축, 복 복) ㉑ 광판(넓을 광, 널빤지 판) ㉒ 법칙(법 법, 법칙 칙) ㉓ 최초(가장 최, 처음 초) ㉔ 탁견(높을 탁, 볼 견) ㉕ 선거(가릴 선, 들 거) ㉖ 절약(마디 절, 묶을 약) ㉗ 원인(근원 원, 인할 인) ㉘ 선악(좋을·착할 선, 나쁠 악) ㉙ 무죄(없을 무, 허물 죄) ㉚ 패망(깨뜨릴 패, 망할 망) ㉛ 산재(낳을 산, 재앙 재) ㉜ 숙망(묵을 숙, 바랄 망) ㉝ 기단(터 기, 단 단) ㉞ 종국(끝날 종, 판국 국) ㉟ 봉사(받들 봉, 섬길 사)

4

다음 漢字語의 讀音을 쓰시오.

① 耳順 (　　　)　　② 獨島 (　　　)　　③ 運動 (　　　)
④ 名節 (　　　)　　⑤ 春秋 (　　　)　　⑥ 養魚 (　　　)
⑦ 歲月 (　　　)　　⑧ 開發 (　　　)　　⑨ 食品 (　　　)
⑩ 原産 (　　　)　　⑪ 萬番 (　　　)　　⑫ 責任 (　　　)
⑬ 安打 (　　　)　　⑭ 選出 (　　　)　　⑮ 集會 (　　　)
⑯ 價格 (　　　)　　⑰ 件數 (　　　)　　⑱ 德談 (　　　)
⑲ 病患 (　　　)　　⑳ 商店 (　　　)　　㉑ 財物 (　　　)
㉒ 擧行 (　　　)　　㉓ 卒業 (　　　)　　㉔ 寒氣 (　　　)
㉕ 效果 (　　　)　　㉖ 曲直 (　　　)　　㉗ 筆致 (　　　)
㉘ 廣橋 (　　　)　　㉙ 規則 (　　　)　　㉚ 許可 (　　　)
㉛ 幸福 (　　　)　　㉜ 競爭 (　　　)　　㉝ 種類 (　　　)
㉞ 火災 (　　　)　　㉟ 親族 (　　　)

답

① 이순(귀 이, 순할 순) ② 독도(홀로 독, 섬 도) ③ 운동(옮길 운, 움직일 동) ④ 명절(이름 명, 마디 절) ⑤ 춘추(봄 춘, 가을 추) ⑥ 양어(기를 양, 물고기 어) ⑦ 세월(해 세, 달 월) ⑧ 개발(열 개, 쏠 발) ⑨ 식품(먹을 식, 물건 품) ⑩ 원산(근원 원, 낳을 산) ⑪ 만번(일만 만, 차례 번) ⑫ 책임(꾸짖을 책, 맡길 임) ⑬ 안타(편안할 안, 칠 타) ⑭ 선출(가릴 선, 날 출) ⑮ 집회(모일 집, 모일 회) ⑯ 가격(값 가, 바로잡을 격) ⑰ 건수(사건 건, 셈 수) ⑱ 덕담(덕 덕, 말씀 담) ⑲ 병환(병 병, 근심 환) ⑳ 상점(장사 상, 점포 점) ㉑ 재물(재물 재, 만물 물) ㉒ 거행(들 거, 갈·행할 행) ㉓ 졸업(마칠 졸, 일 업) ㉔ 한기(찰·추울 한, 기운 기) ㉕ 효과(본받을 효, 결과 과) ㉖ 곡직(굽을 곡, 곧을 직) ㉗ 필치(붓 필, 보낼 치) ㉘ 광교(넓을 광, 다리 교) ㉙ 규칙(법 규, 법칙 칙) ㉚ 허가(허락할 허, 옳을 가) ㉛ 행복(다행 행, 복 복) ㉜ 경쟁(싸울 경, 다툴 쟁) ㉝ 종류(씨 종, 무리 유) ㉞ 화재(불 화, 재앙 재) ㉟ 친족(친할 친, 겨레 족)

5

다음 漢字語의 讀音을 쓰시오.

① 特別 (　　) ② 土地 (　　) ③ 安全 (　　)
④ 對話 (　　) ⑤ 勝利 (　　) ⑥ 始作 (　　)
⑦ 食飮 (　　) ⑧ 男女 (　　) ⑨ 左右 (　　)
⑩ 合席 (　　) ⑪ 美術 (　　) ⑫ 溫度 (　　)
⑬ 本部 (　　) ⑭ 衣服 (　　) ⑮ 開京 (　　)
⑯ 戰線 (　　) ⑰ 白雪 (　　) ⑱ 庭園 (　　)
⑲ 窓門 (　　) ⑳ 太陽 (　　) ㉑ 交感 (　　)
㉒ 多讀 (　　) ㉓ 反省 (　　) ㉔ 英才 (　　)
㉕ 七夕 (　　) ㉖ 業主 (　　) ㉗ 親族 (　　)
㉘ 運動 (　　) ㉙ 高級 (　　) ㉚ 近代 (　　)
㉛ 通路 (　　) ㉜ 題號 (　　) ㉝ 永遠 (　　)

답

① 특별(특히 특, 나눌 별) ② 토지(흙 토, 땅 지) ③ 안전(편안할 안, 온전할 전) ④ 대화(대할·대답할 대, 말할 화) ⑤ 승리(이길 승, 이로울·날카로울 이) ⑥ 시작(처음 시, 만들 작) ⑦ 식음(먹을 식, 마실 음) ⑧ 남녀(사내 남, 여자 녀) ⑨ 좌우(왼 좌, 오른 우) ⑩ 합석(합할 합, 자리 석) ⑪ 미술(아름다울 미, 재주 술) ⑫ 온도(따뜻할 온, 법도 도) ⑬ 본부(근본 본, 거느릴 부) ⑭ 의복(옷 의, 옷 복) ⑮ 개경(열 개, 서울 경) ⑯ 전선(싸울 전, 줄 선) ⑰ 백설(흰 백, 눈 설) ⑱ 정원(뜰 정, 동산 원) ⑲ 창문(창 창, 문 문) ⑳ 태양(클 태, 별 양) ㉑ 교감(사귈 교, 느낄 감) ㉒ 다독(많을 다, 읽을 독) ㉓ 반성(되돌릴 반, 살필 성) ㉔ 영재(꽃부리 영, 재주 재) ㉕ 칠석(일곱 칠, 저녁 석) ㉖ 업주(일 업, 주인 주) ㉗ 친족(친할 친, 겨레 족) ㉘ 운동(옮길 운, 움직일 동) ㉙ 고급(높을 고, 등급 급) ㉚ 근대(가까울 근, 대신 대) ㉛ 통로(통할 통, 길 로) ㉜ 제호(표제 제, 부를 호) ㉝ 영원(길 영, 멀 원)

6

다음 漢字語의 讀音을 쓰시오.

① 放火 (　　) ② 番號 (　　) ③ 醫藥 (　　)
④ 黃海 (　　) ⑤ 幸運 (　　) ⑥ 英特 (　　)
⑦ 勇氣 (　　) ⑧ 失神 (　　) ⑨ 庭園 (　　)
⑩ 意向 (　　) ⑪ 通用 (　　) ⑫ 親族 (　　)
⑬ 形體 (　　) ⑭ 現在 (　　) ⑮ 銀行 (　　)
⑯ 太陽 (　　) ⑰ 集合 (　　) ⑱ 動物 (　　)
⑲ 昨年 (　　) ⑳ 勝者 (　　) ㉑ 理由 (　　)
㉒ 作成 (　　) ㉓ 社訓 (　　) ㉔ 定式 (　　)
㉕ 名畫 (　　) ㉖ 分會 (　　) ㉗ 永遠 (　　)
㉘ 本業 (　　) ㉙ 半音 (　　) ㉚ 衣服 (　　)

㉛ 病弱 (　　) 　　㉜ 發信 (　　)

답
① 방화(놓을 방, 불 화) ② 번호(차례 번, 부를 호) ③ 의약(의사·치료할 의, 약 약) ④ 황해(누를 황, 바다 해) ⑤ 행운(다행 행, 옮길 운) ⑥ 영특(꽃부리 영, 특히 특) ⑦ 용기(날랠 용, 기운 기) ⑧ 실신(잃을 실, 귀신·정신 신) ⑨ 정원(뜰 정, 동산 원) ⑩ 의향(뜻 의, 향할 향) ⑪ 통용(통할 통, 쓸 용) ⑫ 친족(친할 친, 겨레 족) ⑬ 형체(모양 형, 몸 체) ⑭ 현재(나타날 현, 있을 재) ⑮ 은행(은 은, 갈·행할 행) ⑯ 태양(클 태, 별 양) ⑰ 집합(모일 집, 합할 합) ⑱ 동물(움직일 동, 만물 물) ⑲ 작년(어제 작, 해 년) ⑳ 승자(이길 승, 사람 자) ㉑ 이유(다스릴 리, 말미암을 유) ㉒ 작성(만들 작, 이룰 성) ㉓ 사훈(단체 사, 가르칠 훈) ㉔ 정식(정할 정, 법식 식) ㉕ 명화(이름 명, 그림 화) ㉖ 분회(나눌 분, 모일 회) ㉗ 영원(길 영, 멀 원) ㉘ 본업(근본 본, 일 업) ㉙ 반음(반 반, 소리 음) ㉚ 의복(옷 의, 옷 복) ㉛ 병약(병 병, 약할 약) ㉜ 발신(쏠 발, 믿을 신)

7

다음 漢字語의 讀音을 쓰시오.

① 社會 (　　)   ② 石油 (　　)   ③ 韓醫 (　　)
④ 動物 (　　)   ⑤ 野球 (　　)   ⑥ 道術 (　　)
⑦ 自然 (　　)   ⑧ 體育 (　　)   ⑨ 便利 (　　)
⑩ 時間 (　　)   ⑪ 花園 (　　)   ⑫ 病名 (　　)
⑬ 讀書 (　　)   ⑭ 表現 (　　)   ⑮ 洋藥 (　　)
⑯ 言語 (　　)   ⑰ 夏服 (　　)   ⑱ 戰車 (　　)
⑲ 題目 (　　)   ⑳ 黃色 (　　)   ㉑ 和合 (　　)
㉒ 苦待 (　　)   ㉓ 先親 (　　)   ㉔ 里長 (　　)
㉕ 通信 (　　)   ㉖ 白光 (　　)   ㉗ 地形 (　　)
㉘ 向學 (　　)   ㉙ 理由 (　　)   ㉚ 孝子 (　　)
㉛ 電氣 (　　)   ㉜ 速度 (　　)   ㉝ 童話 (　　)

답
① 사회(단체 사, 모일 회) ② 석유(돌 석, 기름 유) ③ 한의(나라이름 한, 치료할 의) ④ 동물(움직일 동, 만물 물) ⑤ 야구(들 야, 공 구) ⑥ 도술(길 도, 재주 술) ⑦ 자연(스스로 자, 그럴 연) ⑧ 체육(몸 체, 기를 육) ⑨ 편리(편안할 편, 이로울·날카로울 리) ⑩ 시간(때 시, 사이 간) ⑪ 화원(꽃 화, 동산 원) ⑫ 병명(병 병, 이름 명) ⑬ 독서(읽을 독, 책 서) ⑭ 표현(겉 표, 나타날 현) ⑮ 양약(큰바다 양, 약 약) ⑯ 언어(말씀 언, 말씀 어) ⑰ 하복(여름 하, 옷 복) ⑱ 전차(싸울 전, 수레 차) ⑲ 제목(표제 제, 눈 목) ⑳ 황색(누를 황, 빛깔 색) ㉑ 화합(화합할 화, 합할 합) ㉒ 고대(쓸 고, 기다릴 대) ㉓ 선친(먼저 선, 친할 친) ㉔ 이장(마을 리(이), 긴·어른 장) ㉕ 통신(통할 통, 믿을 신) ㉖ 백광(흰 백, 빛 광) ㉗ 지형(땅 지, 모양 형) ㉘ 향학(향할 향, 배울 학) ㉙ 이유(다스릴 리(이), 말미암을 유) ㉚ 효자(효도 효, 아들 자) ㉛ 전기(번개 전, 기운 기) ㉜ 속도(빠를 속, 법도 도) ㉝ 동화(아이 동, 말할 화)

8

다음 漢字語의 讀音을 쓰시오.

① 左右 (　　)　② 太陽 (　　)　③ 地圖 (　　)
④ 特別市 (　　)　⑤ 對面 (　　)　⑥ 感動 (　　)
⑦ 利子 (　　)　⑧ 失手 (　　)　⑨ 海洋 (　　)
⑩ 庭園 (　　)　⑪ 民族 (　　)　⑫ 全勝 (　　)
⑬ 勇氣 (　　)　⑭ 合同 (　　)　⑮ 訓話 (　　)
⑯ 會社 (　　)　⑰ 九班 (　　)　⑱ 平和 (　　)
⑲ 萬病 (　　)　⑳ 題目 (　　)　㉑ 文書 (　　)
㉒ 昨年 (　　)　㉓ 集中 (　　)　㉔ 夏服 (　　)
㉕ 春分 (　　)　㉖ 直角 (　　)　㉗ 石油 (　　)
㉘ 時代 (　　)　㉙ 始作 (　　)　㉚ 禮式場 (　　)
㉛ 强弱 (　　)　㉜ 名醫 (　　)

답
① 좌우(왼 좌, 오른 우) ② 태양(클 태, 별 양) ③ 지도(땅 지, 그림 도) ④ 특별시(특히 특, 나눌 별, 저자 시) ⑤ 대면(대할·대답할 대, 낯 면) ⑥ 감동(느낄 감, 움직일 동) ⑦ 이자(날카로울·이로울 이(리), 아들 자) ⑧ 실수(잃을 실, 손 수) ⑨ 해양(바다 해, 큰바다 양) ⑩ 정원(뜰 정, 동산 원) ⑪ 민족(백성 민, 겨레 족) ⑫ 전승(온전할 전, 이길 승) ⑬ 용기(날랠 용, 기운 기) ⑭ 합동(합할 합, 같을 동) ⑮ 훈화(가르칠 훈, 말할 화) ⑯ 회사(모일 회, 단체 사) ⑰ 구반(아홉 구, 나눌 반) ⑱ 평화(평평할 평, 화합할 화) ⑲ 만병(일만 만, 병 병) ⑳ 제목(표제 제, 눈 목) ㉑ 문서(글월 문, 쓸 서) ㉒ 작년(어제 작, 해 년) ㉓ 집중(모일 집, 가운데 중) ㉔ 하복(여름 하, 옷 복) ㉕ 춘분(봄 춘, 나눌 분) ㉖ 직각(곧을 직, 뿔 각) ㉗ 석유(돌 석, 기름 유) ㉘ 시대(때 시, 대신 대) ㉙ 시작(처음 시, 만들 작) ㉚ 예식장(예도 예, 법식 식, 마당 장) ㉛ 강약(굳셀 강, 약할 약) ㉜ 명의(이름 명, 의사·치료할 의)

9

다음 漢字語의 讀音을 쓰시오.

① 孝道 (　　)　② 軍旗 (　　)　③ 植物 (　　)
④ 生命 (　　)　⑤ 自習 (　　)　⑥ 開京 (　　)
⑦ 昨日 (　　)　⑧ 足球 (　　)　⑨ 立夏 (　　)
⑩ 班長 (　　)　⑪ 題目 (　　)　⑫ 三寸 (　　)
⑬ 勇氣 (　　)　⑭ 庭園 (　　)　⑮ 子孫 (　　)
⑯ 急行 (　　)　⑰ 多幸 (　　)　⑱ 禮式 (　　)
⑲ 成功 (　　)　⑳ 金銀 (　　)　㉑ 始作 (　　)
㉒ 漢藥 (　　)　㉓ 海風 (　　)　㉔ 親族 (　　)
㉕ 朝會 (　　)　㉖ 話術 (　　)　㉗ 便所 (　　)
㉘ 歌樂 (　　)　㉙ 先後 (　　)　㉚ 發病 (　　)
㉛ 飮食 (　　)　㉜ 學級 (　　)　㉝ 失神 (　　)

답
① 효도(효도 효, 길 도) ② 군기(군사 군, 기 기) ③ 식물(심을 식, 만물 물) ④ 생명(날

생, 목숨 명) ⑤ 자습(스스로 자, 익힐 습) ⑥ 개경(열 개, 서울 경) ⑦ 작일(어제 작, 날 일) ⑧ 족구(발 족, 공 구) ⑨ 입하(설 입(립), 여름 하) ⑩ 반장(나눌 반, 긴 장) ⑪ 제목(표제 제, 눈 목) ⑫ 삼촌(석 삼, 마디 촌) ⑬ 용기(날랠 용, 기운 기) ⑭ 정원(뜰 정, 동산 원) ⑮ 자손(아들 자, 손자 손) ⑯ 급행(급할 급, 갈·행할 행) ⑰ 다행(많을 다, 다행 행) ⑱ 예식(예도 예, 법식 식) ⑲ 성공(이룰 성, 공 공) ⑳ 금은(쇠 금, 은 은) ㉑ 시작(처음 시, 만들 작) ㉒ 한약(한수 한, 약 약) ㉓ 해풍(바다 해, 바람 풍) ㉔ 친족(친할 친, 겨레 족) ㉕ 조회(아침 조, 모일 회) ㉖ 화술(말할 화, 재주 술) ㉗ 변소(오줌 변, 바 소) ㉘ 가락(노래 가, 즐거울 락) ㉙ 선후(먼저 선, 뒤 후) ㉚ 발병(쏠 발, 병 병) ㉛ 음식(마실 음, 먹을 식) ㉜ 학급(배울 학, 등급 급) ㉝ 실신(잃을 실, 귀신·정신 신)

10

다음 漢字語의 讀音을 쓰시오.

① 學校 (   )   ② 敎室 (   )   ③ 戰死 (   )
④ 東西 (   )   ⑤ 兄弟 (   )   ⑥ 運動場 (   )
⑦ 便利 (   )   ⑧ 失神 (   )   ⑨ 海上 (   )
⑩ 庭園 (   )   ⑪ 家族 (   )   ⑫ 五勝 (   )
⑬ 勇氣 (   )   ⑭ 黃色 (   )   ⑮ 窓門 (   )
⑯ 會社 (   )   ⑰ 班長 (   )   ⑱ 平和 (   )
⑲ 溫水 (   )   ⑳ 題目 (   )   ㉑ 文章 (   )
㉒ 昨年 (   )   ㉓ 反對 (   )   ㉔ 夏服 (   )
㉕ 靑春 (   )   ㉖ 直角 (   )   ㉗ 飮食 (   )
㉘ 時間 (   )   ㉙ 始作 (   )   ㉚ 形式 (   )
㉛ 現在 (   )   ㉜ 道路 (   )

답
① 학교(배울 학, 학교 교) ② 교실(가르칠 교, 집 실) ③ 전사(싸울 전, 죽을 사) ④ 동서(동녘 동, 서녘 서) ⑤ 형제(맏 형, 아우 제) ⑥ 운동장(옮길 운, 움직일 동, 마당 장) ⑦ 편리(편안할 편, 이로울·날카로울 리) ⑧ 실신(잃을 실, 귀신·정신 신) ⑨ 해상(바다 해, 위 상) ⑩ 정원(뜰 정, 동산 원) ⑪ 가족(집 가, 겨레 족) ⑫ 오승(다섯 오, 이길 승) ⑬ 용기(날랠 용, 기운 기) ⑭ 황색(누를 황, 빛깔 색) ⑮ 창문(창 창, 문 문) ⑯ 회사(모일 회, 단체 사) ⑰ 반장(나눌 반, 긴 장) ⑱ 평화(평평할 평, 화합할 화) ⑲ 온수(따뜻할 온, 물 수) ⑳ 제목(표제 제, 눈 목) ㉑ 문장(글월 문, 글 장) ㉒ 작년(어제 작, 해 년) ㉓ 반대(되돌릴 반, 대할·대답할 대) ㉔ 하복(여름 하, 옷 복) ㉕ 청춘(푸를 청, 봄 춘) ㉖ 직각(곧을 직, 뿔 각) ㉗ 음식(마실 음, 먹을 식) ㉘ 시간(때 시, 사이 간) ㉙ 시작(처음 시, 만들 작) ㉚ 형식(모양 형, 법식 식) ㉛ 현재(나타날 현, 있을 재) ㉜ 도로(길 도, 길 로)

11

다음 漢字語의 讀音을 쓰시오.

① 場所 (   )   ② 活動 (   )   ③ 便紙 (   )

④ 自然 (　　) ⑤ 夜間 (　　) ⑥ 感氣 (　　)
⑦ 林野 (　　) ⑧ 愛國 (　　) ⑨ 形式 (　　)
⑩ 勝利 (　　) ⑪ 速度 (　　) ⑫ 本部 (　　)
⑬ 特別 (　　) ⑭ 幸運 (　　) ⑮ 始發 (　　)
⑯ 庭球 (　　) ⑰ 路線 (　　) ⑱ 集合 (　　)
⑲ 洋藥 (　　) ⑳ 問答 (　　) ㉑ 使命 (　　)
㉒ 海風 (　　) ㉓ 交通 (　　) ㉔ 體面 (　　)
㉕ 萬物 (　　) ㉖ 理由 (　　) ㉗ 畫室 (　　)
㉘ 衣服 (　　) ㉙ 正直 (　　) ㉚ 苦心 (　　)
㉛ 禮樂 (　　) ㉜ 民族 (　　) ㉝ 注油 (　　)

답

① 장소(마당 장, 바 소) ② 활동(살 활, 움직일 동) ③ 편지(편안할 편, 종이 지) ④ 자연(스스로 자, 그럴 연) ⑤ 야간(밤 야, 사이 간) ⑥ 감기(느낄 감, 기운 기) ⑦ 임야(수풀 임, 들 야) ⑧ 애국(사랑 애, 나라 국) ⑨ 형식(모양 형, 법식 식) ⑩ 승리(이길 승, 이로울·날카로울 리) ⑪ 속도(빠를 속, 법도 도) ⑫ 본부(근본 본, 거느릴 부) ⑬ 특별(특히 특, 나눌 별) ⑭ 행운(다행 행, 옮길 운) ⑮ 시발(처음 시, 쏠 발) ⑯ 정구(뜰 정, 공 구) ⑰ 노선(길 노(로), 줄 선) ⑱ 집합(모일 집, 합할 합) ⑲ 양약(큰바다 양, 약 약) ⑳ 문답(물을 문, 대답할 답) ㉑ 사명(하여금 사, 목숨 명) ㉒ 해풍(바다 해, 바람 풍) ㉓ 교통(사귈 교, 통할 통) ㉔ 체면(몸 체, 낯 면) ㉕ 만물(일만 만, 만물 물) ㉖ 이유(다스릴 이(리), 말미암을 유) ㉗ 화실(그림 화, 집 실) ㉘ 의복(옷 의, 옷 복) ㉙ 정직(바를 정, 곧을 직) ㉚ 고심(쓸 고, 마음 심) ㉛ 예악(예도 예, 즐거울·좋을·음악 악) ㉜ 민족(백성 민, 겨레 족) ㉝ 주유(물댈 주, 기름 유)

12

다음 漢字語의 讀音을 쓰시오.

① 家族 (　　) ② 勝利 (　　) ③ 勇氣 (　　)
④ 自動 (　　) ⑤ 窓門 (　　) ⑥ 不便 (　　)
⑦ 會社 (　　) ⑧ 平和 (　　) ⑨ 溫水 (　　)
⑩ 題目 (　　) ⑪ 文章 (　　) ⑫ 昨年 (　　)
⑬ 反對 (　　) ⑭ 夏服 (　　) ⑮ 陽地 (　　)
⑯ 直角 (　　) ⑰ 飮食 (　　) ⑱ 時間 (　　)
⑲ 始作 (　　) ⑳ 形式 (　　) ㉑ 現在 (　　)
㉒ 道路 (　　) ㉓ 特別市 (　　) ㉔ 班長 (　　)
㉕ 植木日 (　　) ㉖ 理由 (　　) ㉗ 石油 (　　)
㉘ 速度 (　　) ㉙ 讀書 (　　) ㉚ 祖上 (　　)
㉛ 強力 (　　) ㉜ 立席 (　　)

답

① 가족(집 가, 겨레 족) ② 승리(이길 승, 이로울·날카로울 리) ③ 용기(날랠 용, 기운 기) ④ 자동(스스로 자, 움직일 동) ⑤ 창문(창 창, 문 문) ⑥ 불편(아니 불, 편안할 편) ⑦ 회사

(모일 회, 단체 사) ⑧ 평화(평평할 평, 화합할 화) ⑨ 온수(따뜻할 온, 물 수) ⑩ 제목(표제 제, 눈 목) ⑪ 문장(글월 문, 글 장) ⑫ 작년(어제 작, 해 년) ⑬ 반대(되돌릴 반, 대할·대답할 대) ⑭ 하복(여름 하, 옷 복) ⑮ 양지(볕 양, 땅 지) ⑯ 직각(곧을 직, 뿔 각) ⑰ 음식(마실 음, 먹을 식) ⑱ 시간(때 시, 사이 간) ⑲ 시작(처음 시, 만들 작) ⑳ 형식(모양 형, 법식 식) ㉑ 현재(나타날 현, 있을 재) ㉒ 도로(길 도, 길 로) ㉓ 특별시(특히 특, 나눌 별, 저자 시) ㉔ 반장(나눌 반, 긴·어른 장) ㉕ 식목일(심을 식, 나무 목, 날 일) ㉖ 이유(다스릴 이(리), 말미암을 유) ㉗ 석유(돌 석, 기름 유) ㉘ 속도(빠를 속, 법도 도) ㉙ 독서(읽을 독, 책 서) ㉚ 조상(조상 조, 위 상) ㉛ 강력(굳셀 강, 힘 력) ㉜ 입석(설 입, 자리 석)

13

다음 漢字語의 讀音을 쓰시오.

① 擧手 (   )   ② 見聞 (   )   ③ 結合 (   )
④ 書店 (   )   ⑤ 病院 (   )   ⑥ 團束 (   )
⑦ 藥局 (   )   ⑧ 關心 (   )   ⑨ 具體 (   )
⑩ 救命 (   )   ⑪ 洗面 (   )   ⑫ 卓球 (   )
⑬ 順序 (   )   ⑭ 廣告 (   )   ⑮ 觀光 (   )
⑯ 冷水 (   )   ⑰ 曲線 (   )   ⑱ 公約 (   )
⑲ 過去 (   )   ⑳ 落花 (   )   ㉑ 可能 (   )
㉒ 强化 (   )   ㉓ 建物 (   )   ㉔ 領海 (   )
㉕ 停止 (   )   ㉖ 技術 (   )   ㉗ 汽車 (   )
㉘ 吉凶 (   )   ㉙ 事件 (   )   ㉚ 消費 (   )

답
① 거수(들 거, 손 수) ② 견문(볼 견, 들을 문) ③ 결합(맺을 결, 합할 합) ④ 서점(책 서, 점포 점) ⑤ 병원(병 병, 담 원) ⑥ 단속(둥글 단, 묶을 속) ⑦ 약국(약 약, 판국 국) ⑧ 관심(관계·빗장 관, 마음 심) ⑨ 구체(갖출 구, 몸 체) ⑩ 구명(건질 구, 목숨 명) ⑪ 세면(씻을 세, 낯 면) ⑫ 탁구(높을 탁, 공 구) ⑬ 순서(순할 순, 차례 서) ⑭ 광고(넓을 광, 고할 고) ⑮ 관광(볼 관, 빛 광) ⑯ 냉수(차가울 냉, 물 수) ⑰ 곡선(굽을 곡, 줄 선) ⑱ 공약(공변될 공, 묶을 약) ⑲ 과거(지날·허물 과, 갈 거) ⑳ 낙화(떨어질 낙(락), 꽃 화) ㉑ 가능(옳을 가, 능할 능) ㉒ 강화(굳셀 강, 될 화) ㉓ 건물(세울 건, 만물 물) ㉔ 영해(영 영, 바다 해) ㉕ 정지(머무를 정, 그칠 지) ㉖ 기술(재주 기, 재주 술) ㉗ 기차(수증기·김 기, 수레 차) ㉘ 길흉(길할 길, 흉할 흉) ㉙ 사건(일 사, 사건 건) ㉚ 소비(사라질 소, 쓸 비)

14

다음 漢字語의 讀音을 쓰시오.

① 社會 (   )   ② 一朝一夕 (   )   ③ 國民 (   )
④ 合心 (   )   ⑤ 樂園 (   )   ⑥ 始作 (   )
⑦ 牛長 (   )   ⑧ 遠大 (   )   ⑨ 現在 (   )
⑩ 安住 (   )   ⑪ 行動 (   )   ⑫ 勝利 (   )

⑬ 者身 (　　) ⑭ 用語 (　　) ⑮ 立冬 (　　)
⑯ 溫和 (　　) ⑰ 工夫 (　　) ⑱ 運動 (　　)
⑲ 漢字 (　　) ⑳ 事物 (　　) ㉑ 表意 (　　)
㉒ 文章 (　　) ㉓ 讀書力 (　　) ㉔ 學習 (　　)
㉕ 自然 (　　) ㉖ 樹木 (　　) ㉗ 花草 (　　)
㉘ 江村 (　　) ㉙ 空氣 (　　) ㉚ 清風 (　　)

답

① 사회(단체 사, 모일 회)　② 일조일석(한 일, 아침 조, 한 일, 저녁 석)　③ 국민(나라 국, 백성 민)　④ 합심(합할 합, 마음 심)　⑤ 낙원(즐거울 낙(락), 동산 원)　⑥ 시작(처음 시, 만들 작)　⑦ 반장(반 반, 어른 장)　⑧ 원대(멀 원, 큰 대)　⑨ 현재(나타날 현, 있을 재)　⑩ 안주(편안할 안, 살 주)　⑪ 행동(갈·행할 행, 움직일 동)　⑫ 승리(이길 승, 이로울·날카로울 리)　⑬ 자신(사람 자, 몸 신)　⑭ 용어(쓸 용, 말씀 어)　⑮ 입동(설 입, 겨울 동)　⑯ 온화(따뜻할 온, 화합할 화)　⑰ 공부(장인 공, 지아비 부)　⑱ 운동(옮길 운, 움직일 동)　⑲ 한자(한수 한, 글자 자)　⑳ 사물(일 사, 만물 물)　㉑ 표의(겉 표, 뜻 의)　㉒ 문장(글월 문, 글 장)　㉓ 독서력(읽을 독, 글 서, 힘 력)　㉔ 학습(배울 학, 익힐 습)　㉕ 자연(스스로 자, 그럴 연)　㉖ 수목(나무 수, 나무 목)　㉗ 화초(꽃 화, 풀 초)　㉘ 강촌(강 강, 마을 촌)　㉙ 공기(빌 공, 기운 기)　㉚ 청풍(맑을 청, 바람 풍)

15

다음 漢字語의 讀音을 쓰시오.

① 國家 (　　)　② 軍歌 (　　)　③ 中間 (　　)
④ 工業 (　　)　⑤ 學校 (　　)　⑥ 電車 (　　)
⑦ 江山 (　　)　⑧ 空氣 (　　)　⑨ 教訓 (　　)
⑩ 食口 (　　)　⑪ 金言 (　　)　⑫ 記號 (　　)
⑬ 南北 (　　)　⑭ 男便 (　　)　⑮ 內室 (　　)
⑯ 漢字 (　　)　⑰ 來年 (　　)　⑱ 農樂 (　　)
⑲ 正答 (　　)　⑳ 大成 (　　)　㉑ 道路 (　　)

답

① 국가(나라 국, 집 가)　② 군가(군사 군, 노래 가)　③ 중간(가운데 중, 사이 간)　④ 공업(장인 공, 일 업)　⑤ 학교(배울 학, 학교 교)　⑥ 전차(번개 전, 수레 차)　⑦ 강산(강 강, 뫼 산)　⑧ 공기(빌 공, 기운 기)　⑨ 교훈(가르칠 교, 가르칠 훈)　⑩ 식구(먹을 식, 입 구)　⑪ 금언(쇠 금, 말씀 언)　⑫ 기호(기록할 기, 부를 호)　⑬ 남북(남녘 남, 북녘 북)　⑭ 남편(사내 남, 편안할 편)　⑮ 내실(안 내, 집 실)　⑯ 한자(한수 한, 글자 자)　⑰ 내년(올 내, 해 년)　⑱ 농악(농사 농, 음악 악)　⑲ 정답(바를 정, 대답할 답)　⑳ 대성(큰 대, 이룰 성)　㉑ 도로(길 도, 길 로)

16

다음 漢字語의 讀音을 쓰시오.

① 教養 (　　)　② 信念 (　　)　③ 建物 (　　)

④ 傳記 (　　　)　⑤ 德行 (　　　)　⑥ 晝夜 (　　　)
⑦ 最高 (　　　)　⑧ 充當 (　　　)　⑨ 熱望 (　　　)
⑩ 結末 (　　　)　⑪ 展示 (　　　)　⑫ 獨島 (　　　)
⑬ 旅客 (　　　)　⑭ 改良 (　　　)　⑮ 考察 (　　　)
⑯ 藥局 (　　　)　⑰ 賣買 (　　　)　⑱ 責任 (　　　)
⑲ 宿願 (　　　)　⑳ 規格 (　　　)　㉑ 友情 (　　　)
㉒ 商業 (　　　)　㉓ 卓見 (　　　)　㉔ 過失 (　　　)
㉕ 效果 (　　　)　㉖ 分類 (　　　)　㉗ 無罪 (　　　)
㉘ 調査 (　　　)　㉙ 參加 (　　　)　㉚ 原因 (　　　)

답

① 교양(가르칠 교, 기를 양)　② 신념(믿을 신, 생각할 념)　③ 건물(세울 건, 만물 물)　④ 전기(전할 전, 기록할 기)　⑤ 덕행(덕 덕, 갈·행할 행)　⑥ 주야(낮 주, 밤 야)　⑦ 최고(가장 최, 높을 고)　⑧ 충당(찰 충, 마땅 당)　⑨ 열망(더울 열, 바랄 망)　⑩ 결말(맺을 결, 끝 말)　⑪ 전시(펼 전, 보일 시)　⑫ 독도(홀로 독, 섬 도)　⑬ 여객(나그네 여, 손님 객)　⑭ 개량(고칠 개, 좋을 량)　⑮ 고찰(상고할 고, 살필 찰)　⑯ 약국(약 약, 판국 국)　⑰ 매매(팔 매, 살 매)　⑱ 책임(꾸짖을 책, 맡길 임)　⑲ 숙원(묵을 숙, 원할 원)　⑳ 규격(법 규, 바로잡을 격)　㉑ 우정(벗 우, 뜻 정)　㉒ 상업(장사 상, 일 업)　㉓ 탁견(높을 탁, 볼 견)　㉔ 과실(지날·허물 과, 잃을 실)　㉕ 효과(본받을 효, 결과 과)　㉖ 분류(나눌 분, 무리 류)　㉗ 무죄(없을 무, 허물 죄)　㉘ 조사(고를 조, 조사할 사)　㉙ 참가(간여할 참, 더할 가)　㉚ 원인(근원 원, 인할 인)

17

다음 漢字語의 讀音을 쓰시오.

① 練習 (　　　)　② 勝利 (　　　)　③ 信者 (　　　)
④ 半生 (　　　)　⑤ 校歌 (　　　)　⑥ 共感 (　　　)
⑦ 人和 (　　　)　⑧ 不當 (　　　)　⑨ 苦待 (　　　)
⑩ 不便 (　　　)　⑪ 作業 (　　　)　⑫ 亡命 (　　　)
⑬ 在學 (　　　)　⑭ 病室 (　　　)　⑮ 多角 (　　　)
⑯ 幸運 (　　　)　⑰ 所用 (　　　)　⑱ 特別 (　　　)
⑲ 朝會 (　　　)　⑳ 注意 (　　　)　㉑ 集中 (　　　)
㉒ 形成 (　　　)　㉓ 始祖 (　　　)　㉔ 問安 (　　　)
㉕ 日記 (　　　)　㉖ 賣買 (　　　)　㉗ 車道 (　　　)
㉘ 新鮮 (　　　)　㉙ 飮食 (　　　)　㉚ 失手 (　　　)
㉛ 歷史 (　　　)　㉜ 銀行 (　　　)　㉝ 分明 (　　　)
㉞ 發表 (　　　)　㉟ 方向 (　　　)

답

① 연습(익힐 연, 익힐 습)　② 승리(이길 승, 이로울·날카로울 리)　③ 신자(믿을 신, 사람 자)　④ 반생(반 반, 날 생)　⑤ 교가(학교 교, 노래 가)　⑥ 공감(함께 공, 느낄 감)　⑦ 인화(사람 인, 화합할 화)　⑧ 부당(아닐 부, 마땅 당)　⑨ 고대(쓸 고, 기다릴 대)　⑩ 불편(아니

불, 편안할 편) ⑪ 작업(만들 작, 일 업) ⑫ 망명(망할 망, 목숨 명) ⑬ 재학(있을 재, 배울 학) ⑭ 병실(병 병, 집 실) ⑮ 다각(많을 다, 뿔 각) ⑯ 행운(다행 행, 옮길 운) ⑰ 소용(바 소, 쓸 용) ⑱ 특별(특히 특, 나눌 별) ⑲ 조회(아침 조, 모일 회) ⑳ 주의(물댈 주, 뜻 의) ㉑ 집중(모일 집, 가운데 중) ㉒ 형성(모양 형, 이룰 성) ㉓ 시조(처음 시, 조상 조) ㉔ 문안(물을 문, 편안할 안) ㉕ 일기(날 일, 기록할 기) ㉖ 매매(팔 매, 살 매) ㉗ 차도(수레 차, 길 도) ㉘ 신선(새로울 신, 고울 선) ㉙ 음식(마실 음, 먹을 식) ㉚ 실수(잃을 실, 손 수) ㉛ 역사(지낼 역, 역사 사) ㉜ 은행(은 은, 갈·행할 행) ㉝ 분명(나눌 분, 밝을 명) ㉞ 발표(쏠 발, 겉 표) ㉟ 방향(모 방, 향할 향)

18

다음 漢字語의 讀音을 쓰시오.

① 計算   (   )   ② 美術   (   )   ③ 特急   (   )
④ 休日   (   )   ⑤ 禮式   (   )   ⑥ 勝利   (   )
⑦ 番號   (   )   ⑧ 反省   (   )   ⑨ 草綠   (   )
⑩ 太陽系 (   )   ⑪ 消化   (   )   ⑫ 野球   (   )
⑬ 午後   (   )   ⑭ 身體   (   )   ⑮ 山淸郡 (   )
⑯ 集會   (   )   ⑰ 自然   (   )   ⑱ 直角   (   )
⑲ 歌手   (   )   ⑳ 英語   (   )   ㉑ 農村   (   )
㉒ 區別   (   )   ㉓ 各班   (   )   ㉔ 果樹   (   )
㉕ 表記   (   )   ㉖ 中等   (   )   ㉗ 現在   (   )
㉘ 使用   (   )   ㉙ 公園   (   )   ㉚ 多幸   (   )

답

① 계산(셈 계, 셈할 산) ② 미술(아름다울 미, 재주 술) ③ 특급(특히 특, 급할 급) ④ 휴일(쉴 휴, 날 일) ⑤ 예식(예도 예, 법식 식) ⑥ 승리(이길 승, 이로울·날카로울 리) ⑦ 번호(차례 번, 부를 호) ⑧ 반성(되돌릴 반, 살필 성) ⑨ 초록(풀 초, 푸를 록) ⑩ 태양계(클 태, 볕 양, 이을 계) ⑪ 소화(사라질 소, 될 화) ⑫ 야구(들 야, 공 구) ⑬ 오후(정오 오, 뒤 후) ⑭ 신체(몸 신, 몸 체) ⑮ 산청군(뫼 산, 맑을 청, 고을 군) ⑯ 집회(모일 집, 모일 회) ⑰ 자연(스스로 자, 그럴 연) ⑱ 직각(곧을 직, 뿔 각) ⑲ 가수(노래 가, 손 수) ⑳ 영어(꽃부리 영, 말씀 어) ㉑ 농촌(농사 농, 마을 촌) ㉒ 구별(구분할 구, 나눌 별) ㉓ 각반(각각 각, 나눌 반) ㉔ 과수(열매 과, 나무 수) ㉕ 표기(겉 표, 기록할 기) ㉖ 중등(가운데 중, 가지런할 등) ㉗ 현재(나타날 현, 있을 재) ㉘ 사용(하여금 사, 쓸 용) ㉙ 공원(공변될 공, 동산 원) ㉚ 다행(많을 다, 다행 행)

19

다음 漢字語의 讀音을 쓰시오.

① 表現   (   )   ② 消火   (   )   ③ 靑綠   (   )
④ 體育   (   )   ⑤ 山村   (   )   ⑥ 理由   (   )
⑦ 反省   (   )   ⑧ 用紙   (   )   ⑨ 醫術   (   )

⑩ 石油　(　　) ⑪ 太陽　(　　) ⑫ 雪花　(　　)
⑬ 勝利　(　　) ⑭ 等級　(　　) ⑮ 飮食　(　　)
⑯ 題目　(　　) ⑰ 特席　(　　) ⑱ 對話　(　　)
⑲ 苦待　(　　) ⑳ 銀行　(　　) ㉑ 歌手　(　　)
㉒ 番號　(　　) ㉓ 自然　(　　) ㉔ 計算　(　　)
㉕ 直角　(　　) ㉖ 禮式　(　　) ㉗ 白頭山　(　　)
㉘ 江南區　(　　) ㉙ 野球　(　　) ㉚ 朴美子　(　　)

답

① 표현(겉 표, 나타날 현) ② 소화(사라질 소, 불 화) ③ 청록(푸를 청, 푸를 록) ④ 체육(몸 체, 기를 육) ⑤ 산촌(뫼 산, 마을 촌) ⑥ 이유(다스릴 이(리), 말미암을 유) ⑦ 반성(되돌릴 반, 살필 성) ⑧ 용지(쓸 용, 종이 지) ⑨ 의술(의사·치료할 의, 재주 술) ⑩ 석유(돌 석, 기름 유) ⑪ 태양(클 태, 별 양) ⑫ 설화(눈 설, 꽃 화) ⑬ 승리(이길 승, 이로울·날카로울 리) ⑭ 등급(가지런할 등, 등급 급) ⑮ 음식(마실 음, 먹을 식) ⑯ 제목(표제 제, 눈 목) ⑰ 특석(특히 특, 자리 석) ⑱ 대화(대할·대답할 대, 말할 화) ⑲ 고대(쓸 고, 기다릴 대) ⑳ 은행(은 은, 갈·행할 행) ㉑ 가수(노래 가, 손 수) ㉒ 번호(차례 번, 부를 호) ㉓ 자연(스스로 자, 그럴 연) ㉔ 계산(셈 계, 셀 산) ㉕ 직각(곧을 직, 뿔 각) ㉖ 예식(예도 예, 법식 식) ㉗ 백두산(흰 백, 머리 두, 뫼 산) ㉘ 강남구(강 강, 남녘 남, 구분할 구) ㉙ 야구(들 야, 공 구) ㉚ 박미자(성 박, 아름다울 미, 아들 자)

20

다음 漢字語의 讀音을 쓰시오.

① 靑春　(　　) ② 等級　(　　) ③ 野球　(　　)
④ 紙面　(　　) ⑤ 勝利　(　　) ⑥ 美術　(　　)
⑦ 反省　(　　) ⑧ 太陽　(　　) ⑨ 發車　(　　)
⑩ 表現　(　　) ⑪ 公園　(　　) ⑫ 天才　(　　)
⑬ 開場　(　　) ⑭ 感動　(　　) ⑮ 多幸　(　　)
⑯ 番號　(　　) ⑰ 失禮　(　　) ⑱ 名醫　(　　)
⑲ 銀行　(　　) ⑳ 親庭　(　　) ㉑ 別室　(　　)
㉒ 理由　(　　) ㉓ 特色　(　　) ㉔ 神話　(　　)
㉕ 洋藥　(　　) ㉖ 大雪　(　　) ㉗ 根本　(　　)
㉘ 新村　(　　) ㉙ 白頭山　(　　)

답

① 청춘(푸를 청, 봄 춘) ② 등급(가지런할 등, 등급 급) ③ 야구(들 야, 공 구) ④ 지면(종이 지, 낯 면) ⑤ 승리(이길 승, 이로울·날카로울 리) ⑥ 미술(아름다울 미, 재주 술) ⑦ 반성(되돌릴 반, 살필 성) ⑧ 태양(클 태, 별 양) ⑨ 발차(쏠 발, 수레 차) ⑩ 표현(겉 표, 나타날 현) ⑪ 공원(공변될 공, 동산 원) ⑫ 천재(하늘 천, 재주 재) ⑬ 개장(열 개, 마당 장) ⑭ 감동(느낄 감, 움직일 동) ⑮ 다행(많을 다, 다행 행) ⑯ 번호(차례 번, 부를 호) ⑰ 실례(잃을 실, 예도 례) ⑱ 명의(이름 명, 의사·치료할 의) ⑲ 은행(은 은, 갈·행할 행) ⑳ 친정(친할 친, 뜰 정) ㉑ 별실(나눌 별, 집 실) ㉒ 이유(다스릴 이, 말미암을 유) ㉓ 특색(특히 특, 빛깔 색) ㉔ 신화(귀신·정신 신, 말할 화) ㉕ 양약(큰바다 양, 약 약) ㉖ 대설(큰 대,

눈 설) ㉗ 근본(뿌리 근, 근본 본) ㉘ 신촌(새로울 신, 마을 촌) ㉙ 백두산(흰 백, 머리 두, 뫼 산)

21

다음 漢字語의 讀音을 쓰시오.

① 體育 (　　) ② 童話 (　　) ③ 太陽 (　　)
④ 洋藥 (　　) ⑤ 飮食 (　　) ⑥ 祖母 (　　)
⑦ 地圖 (　　) ⑧ 代讀 (　　) ⑨ 晝夜 (　　)
⑩ 遠近 (　　) ⑪ 多幸 (　　) ⑫ 風向 (　　)
⑬ 番號 (　　) ⑭ 黃土 (　　) ⑮ 始作 (　　)
⑯ 石油 (　　) ⑰ 集合 (　　) ⑱ 紙面 (　　)
⑲ 每日 (　　) ⑳ 失神 (　　) ㉑ 速度 (　　)
㉒ 發明 (　　) ㉓ 不孝 (　　) ㉔ 勝者 (　　)
㉕ 美術 (　　) ㉖ 銀行 (　　) ㉗ 形便 (　　)
㉘ 校庭 (　　) ㉙ 算數 (　　) ㉚ 特別 (　　)

답

① 체육(몸 체, 기를 육) ② 동화(아이 동, 말할 화) ③ 태양(클 태, 볕 양) ④ 양약(큰바다 양, 약 약) ⑤ 음식(마실 음, 먹을 식) ⑥ 조모(조상 조, 어미 모) ⑦ 지도(땅 지, 그림 도) ⑧ 대독(대신 대, 읽을 독) ⑨ 주야(낮 주, 밤 야) ⑩ 원근(멀 원, 가까울 근) ⑪ 다행(많을 다, 다행 행) ⑫ 풍향(바람 풍, 향할 향) ⑬ 번호(차례 번, 부를 호) ⑭ 황토(누를 황, 흙 토) ⑮ 시작(처음 시, 만들 작) ⑯ 석유(돌 석, 기름 유) ⑰ 집합(모일 집, 합할 합) ⑱ 지면(종이 지, 낯 면) ⑲ 매일(매양 매, 날 일) ⑳ 실신(잃을 실, 귀신·정신 신) ㉑ 속도(빠를 속, 법도 도) ㉒ 발명(쏠 발, 밝을 명) ㉓ 불효(아니 불, 효도 효) ㉔ 승자(이길 승, 사람 자) ㉕ 미술(아름다울 미, 재주 술) ㉖ 은행(은 은, 갈·행할 행) ㉗ 형편(모양 형, 편안할 편) ㉘ 교정(학교 교, 뜰 정) ㉙ 산수(셀 산, 셈 수) ㉚ 특별(특히 특, 나눌 별)

22

다음 漢字語의 讀音을 쓰시오.

① 家門 (　　) ② 音樂 (　　) ③ 角度 (　　)
④ 敎室 (　　) ⑤ 高速 (　　) ⑥ 愛族 (　　)
⑦ 食飮 (　　) ⑧ 根本 (　　) ⑨ 述語 (　　)
⑩ 代數 (　　) ⑪ 道路 (　　) ⑫ 朝禮 (　　)
⑬ 平和 (　　) ⑭ 强弱 (　　) ⑮ 醫藥 (　　)
⑯ 衣服 (　　) ⑰ 社會 (　　) ⑱ 理由 (　　)
⑲ 急行 (　　) ⑳ 勝利 (　　) ㉑ 便所 (　　)
㉒ 光線 (　　) ㉓ 題目 (　　) ㉔ 讀書 (　　)

㉕ 勇氣 (　　　)　　㉖ 農業 (　　　)　　㉗ 計算 (　　　)
㉘ 注油 (　　　)　　㉙ 番地 (　　　)　　㉚ 校訓 (　　　)

답

① 가문(집 가, 문 문) ② 음악(소리 음, 음악 악) ③ 각도(뿔 각, 법도 도) ④ 교실(가르칠 교, 집 실) ⑤ 고속(높을 고, 빠를 속) ⑥ 애족(사랑 애, 겨레 족) ⑦ 식음(먹을 식, 마실 음) ⑧ 근본(뿌리 근, 근본 본) ⑨ 술어(지을 술, 말씀 어) ⑩ 대수(대신 대, 셈 수) ⑪ 도로(길 도, 길 로) ⑫ 조례(아침 조, 예도 례) ⑬ 평화(평평할 평, 화합할 화) ⑭ 강약(굳셀 강, 약할 약) ⑮ 의약(의사·치료할 의, 약 약) ⑯ 의복(옷 의, 옷 복) ⑰ 사회(단체 사, 모일 회) ⑱ 이유(다스릴 리(이), 말미암을 유) ⑲ 급행(급할 급, 갈·행할 행) ⑳ 승리(이길 승, 이로울·날카로울 리) ㉑ 변소(오줌 변, 곳 소) ㉒ 광선(빛 광, 줄 선) ㉓ 제목(표제 제, 눈 목) ㉔ 독서(읽을 독, 책 서) ㉕ 용기(날랠 용, 기운 기) ㉖ 농업(농사 농, 일 업) ㉗ 계산(셀 계, 셈할 산) ㉘ 주유(물댈 주, 기름 유) ㉙ 번지(차례 번, 땅 지) ㉚ 교훈(학교 교, 가르칠 훈)

23

다음 밑줄 친 漢字語의 독음을 쓰시오.

①窓밖으로 ②淸明한 하늘이 보인다. ③太陽이 가득하다. 오늘도 ④庭園과 ⑤樹木과 ⑥新綠이 우거진 ⑦靑山을 바라보며 ⑧萬物이 ⑨生動하는 ⑩大自然의 소리를 듣는다.

① (　　　)　　② (　　　)　　③ (　　　)
④ (　　　)　　⑤ (　　　)　　⑥ (　　　)
⑦ (　　　)　　⑧ (　　　)　　⑨ (　　　)
⑩ (　　　)

답

① 창(창 窓) ② 청명(맑을 淸, 밝을 明) ③ 태양(클 太, 볕 陽) ④ 정원(뜰 庭, 동산 園) ⑤ 수목(나무 樹, 나무 木) ⑥ 신록(새로울 新, 푸를 綠) ⑦ 청산(푸를 靑, 뫼 山) ⑧ 만물(일만 萬, 물건 物) ⑨ 생동(날 生, 움직일 動) ⑩ 대자연(큰 大, 스스로 自, 그럴 然)

한자훈음

24

다음 漢字의 訓과 音을 쓰시오.

① 許 (　　　)　　② 筆 (　　　)　　③ 必 (　　　)
④ 角 (　　　)　　⑤ 高 (　　　)　　⑥ 童 (　　　)
⑦ 美 (　　　)　　⑧ 野 (　　　)　　⑨ 愛 (　　　)
⑩ 吉 (　　　)　　⑪ 談 (　　　)　　⑫ 島 (　　　)
⑬ 寫 (　　　)　　⑭ 雲 (　　　)　　⑮ 停 (　　　)
⑯ 典 (　　　)　　⑰ 偉 (　　　)　　⑱ 屋 (　　　)
⑲ 貴 (　　　)　　⑳ 橋 (　　　)　　㉑ 廣 (　　　)

㉒ 曲 (   )   ㉓ 後 (   )   ㉔ 重 (   )

🔹답
① 허락할 허 ② 붓 필 ③ 반드시 필 ④ 뿔 각 ⑤ 높을 고 ⑥ 아이 동 ⑦ 아름다울 미 ⑧ 들 야 ⑨ 사랑 애 ⑩ 길할 길 ⑪ 말씀 담 ⑫ 섬 도 ⑬ 베낄 사 ⑭ 구름 운 ⑮ 머무를 정 ⑯ 법 전 ⑰ 클 위 ⑱ 집 옥 ⑲ 귀할 귀 ⑳ 다리 교 ㉑ 넓을 광 ㉒ 굽을 곡 ㉓ 뒤 후 ㉔ 무거울 중

25

다음 漢字의 訓과 音을 쓰시오.

① 凶 (   )   ② 望 (   )   ③ 祝 (   )
④ 店 (   )   ⑤ 勇 (   )   ⑥ 湖 (   )
⑦ 念 (   )   ⑧ 知 (   )   ⑨ 赤 (   )
⑩ 發 (   )   ⑪ 板 (   )   ⑫ 基 (   )
⑬ 貯 (   )   ⑭ 識 (   )   ⑮ 理 (   )
⑯ 他 (   )   ⑰ 技 (   )   ⑱ 爭 (   )
⑲ 選 (   )   ⑳ 開 (   )   ㉑ 則 (   )
㉒ 號 (   )   ㉓ 院 (   )   ㉔ 鮮 (   )

🔹답
① 흉할 흉 ② 바랄 망 ③ 빌 축 ④ 가게 점 ⑤ 날랠 용 ⑥ 호수 호 ⑦ 생각 념 ⑧ 알 지 ⑨ 붉을 적 ⑩ 필 발 ⑪ 널 판 ⑫ 터 기 ⑬ 쌓을 저 ⑭ 알 식 ⑮ 다스릴 리 ⑯ 다를 타 ⑰ 재주 기 ⑱ 다툴 쟁 ⑲ 가릴 선 ⑳ 열 개 ㉑ 법칙 칙 ㉒ 이름 호 ㉓ 집 원 ㉔ 고울 선

26

다음 漢字의 訓과 音을 쓰시오.

① 告 (   )   ② 過 (   )   ③ 效 (   )
④ 湖 (   )   ⑤ 筆 (   )   ⑥ 患 (   )
⑦ 曜 (   )   ⑧ 能 (   )   ⑨ 給 (   )
⑩ 商 (   )   ⑪ 偉 (   )   ⑫ 財 (   )
⑬ 雄 (   )   ⑭ 建 (   )   ⑮ 屋 (   )
⑯ 浴 (   )   ⑰ 規 (   )   ⑱ 打 (   )
⑲ 救 (   )   ⑳ 養 (   )   ㉑ 島 (   )
㉒ 操 (   )   ㉓ 種 (   )   ㉔ 雲 (   )
㉕ 舊 (   )

🔹답
① 고할 고 ② 지날 과 ③ 본받을 효 ④ 호수 호 ⑤ 붓 필 ⑥ 근심 환 ⑦ 빛날 요 ⑧ 능

할 능 ⑨ 줄 급 ⑩ 장사 상 ⑪ 클 위 ⑫ 재물 재 ⑬ 수컷 웅 ⑭ 세울 건 ⑮ 집 옥 ⑯ 목욕할 욕 ⑰ 법 규 ⑱ 칠 타 ⑲ 구원할 구 ⑳ 기를 양 ㉑ 섬 도 ㉒ 잡을 조 ㉓ 씨(심을) 종 ㉔ 구름 운 ㉕ 옛 구

27

다음 漢字의 訓과 音을 쓰시오.

① 敗 (   )　② 卓 (   )　③ 着 (   )
④ 貯 (   )　⑤ 偉 (   )　⑥ 屋 (   )
⑦ 實 (   )　⑧ 束 (   )　⑨ 奉 (   )
⑩ 望 (   )　⑪ 觀 (   )　⑫ 輕 (   )
⑬ 敬 (   )　⑭ 救 (   )　⑮ 通 (   )
⑯ 體 (   )　⑰ 術 (   )　⑱ 童 (   )
⑲ 感 (   )　⑳ 活 (   )　㉑ 然 (   )
㉒ 結 (   )　㉓ 答 (   )　㉔ 唱 (   )

답
① 패할 패 ② 높을 탁 ③ 붙을 착 ④ 쌓을 저 ⑤ 클 위 ⑥ 집 옥 ⑦ 열매 실 ⑧ 묶을 속 ⑨ 받들 봉 ⑩ 바랄 망 ⑪ 볼 관 ⑫ 가벼울 경 ⑬ 공경 경 ⑭ 구원할 구 ⑮ 통할 통 ⑯ 몸 체 ⑰ 재주 술 ⑱ 아이 동 ⑲ 느낄 감 ⑳ 살 활 ㉑ 그럴 연 ㉒ 맺을 결 ㉓ 대답할 답 ㉔ 부를 창

28

다음 漢字의 訓과 音을 쓰시오.

① 放 (   )　② 李 (   )　③ 待 (   )
④ 球 (   )　⑤ 米 (   )　⑥ 聞 (   )
⑦ 頭 (   )　⑧ 童 (   )　⑨ 意 (   )
⑩ 音 (   )　⑪ 油 (   )　⑫ 淸 (   )
⑬ 黃 (   )　⑭ 命 (   )　⑮ 育 (   )
⑯ 有 (   )　⑰ 立 (   )　⑱ 心 (   )
⑲ 林 (   )　⑳ 苦 (   )　㉑ 重 (   )
㉒ 古 (   )　㉓ 愛 (   )

답
① 놓을 방 ② 오얏 리, 성 리(이) ③ 기다릴 대 ④ 공 구 ⑤ 쌀 미 ⑥ 들을 문 ⑦ 머리 두 ⑧ 아이 동 ⑨ 뜻 의 ⑩ 소리 음 ⑪ 기름 유 ⑫ 맑을 청 ⑬ 누를 황 ⑭ 목숨 명 ⑮ 기를 육 ⑯ 있을 유 ⑰ 설 립 ⑱ 마음 심 ⑲ 수풀 림(임) ⑳ 쓸 고 ㉑ 무거울 중 ㉒ 옛 고 ㉓ 사랑 애

29

다음 漢字의 訓과 音을 쓰시오.

① 角 (　　　)　② 堂 (　　　)　③ 綠 (　　　)
④ 美 (　　　)　⑤ 別 (　　　)　⑥ 死 (　　　)
⑦ 愛 (　　　)　⑧ 章 (　　　)　⑨ 感 (　　　)
⑩ 度 (　　　)　⑪ 路 (　　　)　⑫ 米 (　　　)
⑬ 席 (　　　)　⑭ 洋 (　　　)　⑮ 開 (　　　)
⑯ 童 (　　　)　⑰ 利 (　　　)　⑱ 班 (　　　)
⑲ 術 (　　　)　⑳ 根 (　　　)　㉑ 對 (　　　)
㉒ 孫 (　　　)　㉓ 京 (　　　)　㉔ 習 (　　　)
㉕ 科 (　　　)　㉖ 禮 (　　　)　㉗ 樹 (　　　)
㉘ 新 (　　　)　㉙ 公 (　　　)　㉚ 區 (　　　)

답

① 뿔 각 ② 집 당 ③ 푸를 녹(록) ④ 아름다울 미 ⑤ 다를 별 ⑥ 죽을 사 ⑦ 사랑 애 ⑧ 글 장 ⑨ 느낄 감 ⑩ 법도 도 ⑪ 길 노(로) ⑫ 쌀 미 ⑬ 자리 석 ⑭ 큰바다 양 ⑮ 열 개 ⑯ 아이 동 ⑰ 이로울·날카로울 리(이) ⑱ 나눌 반 ⑲ 재주 술 ⑳ 뿌리 근 ㉑ 대할·대답할 대 ㉒ 손자 손 ㉓ 서울 경 ㉔ 익힐 습 ㉕ 과목 과 ㉖ 예도 례(예) ㉗ 나무 수 ㉘ 새로울 신 ㉙ 공변될 공 ㉚ 구분할·지역 구

30

다음 漢字의 訓과 音을 쓰시오.

① 太 (　　　)　② 京 (　　　)　③ 海 (　　　)
④ 植 (　　　)　⑤ 面 (　　　)　⑥ 角 (　　　)
⑦ 旗 (　　　)　⑧ 承 (　　　)　⑨ 號 (　　　)
⑩ 窓 (　　　)　⑪ 省 (　　　)　⑫ 族 (　　　)
⑬ 注 (　　　)　⑭ 公 (　　　)　⑮ 區 (　　　)
⑯ 樹 (　　　)　⑰ 工 (　　　)　⑱ 王 (　　　)
⑲ 綠 (　　　)　⑳ 靑 (　　　)　㉑ 紙 (　　　)
㉒ 共 (　　　)　㉓ 式 (　　　)

답

① 클 태 ② 서울 경 ③ 바다 해 ④ 심을 식 ⑤ 낯 면 ⑥ 뿔 각 ⑦ 기 기 ⑧ 이을 승 ⑨ 부를 호 ⑩ 창 창 ⑪ 살필 성 ⑫ 겨레 족 ⑬ 물댈 주 ⑭ 공변될 공 ⑮ 구분할 구 ⑯ 나무 수 ⑰ 장인 공 ⑱ 임금 왕 ⑲ 푸를 녹(록) ⑳ 푸를 청 ㉑ 종이 지 ㉒ 함께 공 ㉓ 법 식

31

다음 漢字의 訓과 音을 쓰시오.

① 運 (   )   ② 便 (   )   ③ 神 (   )
④ 號 (   )   ⑤ 理 (   )   ⑥ 物 (   )
⑦ 雪 (   )   ⑧ 在 (   )   ⑨ 方 (   )
⑩ 通 (   )   ⑪ 高 (   )   ⑫ 算 (   )
⑬ 空 (   )   ⑭ 色 (   )   ⑮ 朝 (   )
⑯ 用 (   )   ⑰ 花 (   )   ⑱ 少 (   )
⑲ 銀 (   )   ⑳ 電 (   )   ㉑ 半 (   )
㉒ 消 (   )   ㉓ 發 (   )   ㉔ 線 (   )
㉕ 永 (   )   ㉖ 重 (   )   ㉗ 孫 (   )
㉘ 綠 (   )   ㉙ 速 (   )   ㉚ 漢 (   )

답

① 옮길 운 ② 편할 편, 오줌 변 ③ 정신·귀신 신 ④ 부를 호 ⑤ 다스릴 리(이) ⑥ 만물 물 ⑦ 눈 설 ⑧ 있을 재 ⑨ 모 방 ⑩ 통할 통 ⑪ 높을 고 ⑫ 셈 산 ⑬ 빌·하늘 공 ⑭ 빛 색 ⑮ 아침 조 ⑯ 쓸 용 ⑰ 꽃 화 ⑱ 적을 소 ⑲ 은 은 ⑳ 번개 전 ㉑ 반 반 ㉒ 사라질 소 ㉓ 쏠 발 ㉔ 줄 선 ㉕ 길 영 ㉖ 무거울 중 ㉗ 손자 손 ㉘ 푸를 녹(록) ㉙ 빠를 속 ㉚ 한수·한강 한

32

다음 漢字의 訓과 音을 쓰시오.

① 愛 (   )   ② 童 (   )   ③ 花 (   )
④ 強 (   )   ⑤ 頭 (   )   ⑥ 春 (   )
⑦ 弱 (   )   ⑧ 洋 (   )   ⑨ 意 (   )
⑩ 古 (   )   ⑪ 油 (   )   ⑫ 林 (   )
⑬ 苦 (   )   ⑭ 用 (   )   ⑮ 集 (   )
⑯ 英 (   )   ⑰ 時 (   )   ⑱ 待 (   )
⑲ 陽 (   )   ⑳ 度 (   )   ㉑ 美 (   )
㉒ 根 (   )   ㉓ 然 (   )

답

① 사랑 애 ② 아이 동 ③ 꽃 화 ④ 굳셀 강 ⑤ 머리 두 ⑥ 봄 춘 ⑦ 약할 약 ⑧ 큰바다 양 ⑨ 뜻 의 ⑩ 옛 고 ⑪ 기름 유 ⑫ 수풀 림(임) ⑬ 쓸 고 ⑭ 쓸 용 ⑮ 모일 집 ⑯ 꽃부리 영 ⑰ 때 시 ⑱ 기다릴 대 ⑲ 볕 양 ⑳ 법도 도 ㉑ 아름다울 미 ㉒ 뿌리 근 ㉓ 그럴 연

33

다음 漢字의 訓과 音을 쓰시오.

① 立 (   )   ② 意 (   )   ③ 石 (   )

④ 市 (　　) ⑤ 別 (　　) ⑥ 速 (　　)
⑦ 讀 (　　) ⑧ 祖 (　　) ⑨ 百 (　　)
⑩ 江 (　　) ⑪ 記 (　　) ⑫ 林 (　　)
⑬ 根 (　　) ⑭ 分 (　　) ⑮ 表 (　　)
⑯ 向 (　　) ⑰ 合 (　　) ⑱ 多 (　　)
⑲ 米 (　　) ⑳ 果 (　　) ㉑ 成 (　　)
㉒ 畵 (　　) ㉓ 弱 (　　) ㉔ 訓 (　　)
㉕ 書 (　　) ㉖ 席 (　　) ㉗ 植 (　　)
㉘ 油 (　　) ㉙ 樹 (　　) ㉚ 球 (　　)

답
① 설 립(입)　② 뜻 의　③ 돌 석　④ 저자 시　⑤ 나눌 별　⑥ 빠를 속　⑦ 읽을 독　⑧ 조상 조　⑨ 일백 백　⑩ 강 강　⑪ 기록할 기　⑫ 수풀 림(임)　⑬ 뿌리 근　⑭ 나눌 분　⑮ 겉 표　⑯ 향할 향　⑰ 합할 합　⑱ 많을 다　⑲ 쌀 미　⑳ 실과 과　㉑ 이룰 성　㉒ 그림 화　㉓ 약할 약　㉔ 가르칠 훈　㉕ 글·책 서　㉖ 자리 석　㉗ 심을 식　㉘ 기름 유　㉙ 나무 수　㉚ 공 구

34

다음 漢字의 訓과 音을 쓰시오.

① 角 (　　) ② 京 (　　) ③ 頭 (　　)
④ 樹 (　　) ⑤ 聞 (　　) ⑥ 夏 (　　)
⑦ 祖 (　　) ⑧ 米 (　　) ⑨ 昨 (　　)
⑩ 黃 (　　) ⑪ 急 (　　) ⑫ 放 (　　)
⑬ 光 (　　) ⑭ 者 (　　) ⑮ 植 (　　)
⑯ 待 (　　) ⑰ 習 (　　) ⑱ 淸 (　　)
⑲ 朝 (　　) ⑳ 永 (　　) ㉑ 身 (　　)

답
① 뿔 각　② 서울 경　③ 머리 두　④ 나무 수　⑤ 들을 문　⑥ 여름 하　⑦ 조상 조　⑧ 쌀 미　⑨ 어제 작　⑩ 누를 황　⑪ 급할 급　⑫ 놓을 방　⑬ 빛 광　⑭ 사람 자　⑮ 심을 식　⑯ 기다릴 대　⑰ 익힐 습　⑱ 맑을 청　⑲ 아침 조　⑳ 길 영　㉑ 몸 신

35

다음 漢字의 訓과 音을 쓰시오.

① 百 (　　) ② 江 (　　) ③ 記 (　　)
④ 林 (　　) ⑤ 問 (　　) ⑥ 分 (　　)
⑦ 表 (　　) ⑧ 向 (　　) ⑨ 死 (　　)
⑩ 才 (　　) ⑪ 中 (　　) ⑫ 朝 (　　)

⑬ 雪 (   )   ⑭ 洋 (   )   ⑮ 童 (   )
⑯ 淸 (   )   ⑰ 合 (   )   ⑱ 多 (   )
⑲ 米 (   )   ⑳ 身 (   )   ㉑ 太 (   )
㉒ 畫 (   )   ㉓ 弱 (   )   ㉔ 訓 (   )
㉕ 樹 (   )   ㉖ 球 (   )   ㉗ 禮 (   )
㉘ 夜 (   )   ㉙ 習 (   )   ㉚ 戰 (   )

답

① 일백 백 ② 강 강 ③ 기록할 기 ④ 수풀 림(임) ⑤ 물을 문 ⑥ 나눌 분 ⑦ 겉 표 ⑧ 향할 향 ⑨ 죽을 사 ⑩ 재주 재 ⑪ 가운데 중 ⑫ 아침 조 ⑬ 눈 설 ⑭ 큰바다 양 ⑮ 아이 동 ⑯ 맑을 청 ⑰ 합할 합 ⑱ 많을 다 ⑲ 쌀 미 ⑳ 몸 신 ㉑ 클 태 ㉒ 그림 화, 그을 획 ㉓ 약할 약 ㉔ 가르칠 훈 ㉕ 나무 수 ㉖ 공 구 ㉗ 예도 례(예) ㉘ 밤 야 ㉙ 익힐 습 ㉚ 싸울 전

36

다음 漢字의 訓과 音을 쓰시오.

① 打 (   )   ② 雲 (   )   ③ 相 (   )
④ 今 (   )   ⑤ 原 (   )   ⑥ 貯 (   )
⑦ 窓 (   )   ⑧ 患 (   )   ⑨ 品 (   )
⑩ 初 (   )   ⑪ 鐵 (   )   ⑫ 船 (   )
⑬ 宿 (   )   ⑭ 省 (   )   ⑮ 友 (   )
⑯ 終 (   )   ⑰ 唱 (   )   ⑱ 知 (   )
⑲ 養 (   )   ⑳ 首 (   )   ㉑ 仕 (   )
㉒ 耳 (   )

답

① 칠 타 ② 구름 운 ③ 서로 상 ④ 이제 금 ⑤ 언덕 원 ⑥ 쌓을 저 ⑦ 창 창 ⑧ 근심 환 ⑨ 물건 품 ⑩ 처음 초 ⑪ 쇠 철 ⑫ 배 선 ⑬ 잘 숙 ⑭ 살필 성 ⑮ 벗 우 ⑯ 마칠 종 ⑰ 부를 창 ⑱ 알 지 ⑲ 기를 양 ⑳ 머리 수 ㉑ 섬길 사 ㉒ 귀 이

37

다음 漢字의 訓과 音을 쓰시오.

① 近 (   )   ② 感 (   )   ③ 聞 (   )
④ 體 (   )   ⑤ 球 (   )   ⑥ 短 (   )
⑦ 使 (   )   ⑧ 禮 (   )   ⑨ 童 (   )
⑩ 綠 (   )   ⑪ 線 (   )   ⑫ 第 (   )
⑬ 英 (   )   ⑭ 部 (   )   ⑮ 昨 (   )
⑯ 特 (   )   ⑰ 野 (   )   ⑱ 雪 (   )

⑲ 重 (　　) 　　⑳ 放 (　　) 　　㉑ 發 (　　)
㉒ 軍 (　　)

답
① 가까울 근 ② 느낄 감 ③ 들을 문 ④ 몸 체 ⑤ 공 구 ⑥ 짧을 단 ⑦ 하여금 사 ⑧ 예도 례(예) ⑨ 아이 동 ⑩ 푸를 록(녹) ⑪ 줄 선 ⑫ 차례 제 ⑬ 꽃부리 영 ⑭ 떼 부 ⑮ 어제 작 ⑯ 특별할 특 ⑰ 들 야 ⑱ 눈 설 ⑲ 무거울 중 ⑳ 놓을 방 ㉑ 쏠 발 ㉒ 군사 군

38

다음 漢字의 訓과 音을 쓰시오.

① 角 (　　) 　② 京 (　　) 　③ 區 (　　)
④ 急 (　　) 　⑤ 堂 (　　) 　⑥ 度 (　　)
⑦ 頭 (　　) 　⑧ 例 (　　) 　⑨ 綠 (　　)
⑩ 米 (　　) 　⑪ 半 (　　) 　⑫ 別 (　　)
⑬ 分 (　　) 　⑭ 席 (　　) 　⑮ 消 (　　)
⑯ 術 (　　) 　⑰ 習 (　　) 　⑱ 式 (　　)
⑲ 失 (　　) 　⑳ 愛 (　　) 　㉑ 弱 (　　)

답
① 뿔 각 ② 서울 경 ③ 구분할 구 ④ 급할 급 ⑤ 집 당 ⑥ 법도 도 ⑦ 머리 두 ⑧ 법식 례(예) ⑨ 푸를 록(녹) ⑩ 쌀 미 ⑪ 반 반 ⑫ 다를 별 ⑬ 나눌 분 ⑭ 자리 석 ⑮ 사라질 소 ⑯ 재주 술 ⑰ 익힐 습 ⑱ 법 식 ⑲ 잃을 실 ⑳ 사랑 애 ㉑ 약할 약

39

다음 漢字의 訓과 音을 쓰시오.

① 感 (　　) 　② 開 (　　) 　③ 界 (　　)
④ 苦 (　　) 　⑤ 球 (　　) 　⑥ 近 (　　)
⑦ 短 (　　) 　⑧ 待 (　　) 　⑨ 童 (　　)
⑩ 例 (　　) 　⑪ 理 (　　) 　⑫ 聞 (　　)
⑬ 發 (　　) 　⑭ 放 (　　) 　⑮ 部 (　　)
⑯ 軍 (　　) 　⑰ 席 (　　) 　⑱ 別 (　　)
⑲ 野 (　　) 　⑳ 英 (　　) 　㉑ 運 (　　)
㉒ 遠 (　　) 　㉓ 意 (　　) 　㉔ 昨 (　　)
㉕ 重 (　　)

답
① 느낄 감 ② 열 개 ③ 세계 계 ④ 쓸 고 ⑤ 공 구 ⑥ 가까울 근 ⑦ 짧을 단 ⑧ 기다릴

대 ⑨ 아이 동 ⑩ 법식 례(예) ⑪ 다스릴 리(이) ⑫ 들을 문 ⑬ 쏠 발 ⑭ 놓을 방 ⑮ 부분 부 ⑯ 군사 군 ⑰ 자리 석 ⑱ 나눌 별 ⑲ 들 야 ⑳ 꽃부리 영 ㉑ 움직일 운 ㉒ 멀 원 ㉓ 뜻 의 ㉔ 어제 작 ㉕ 무거울 중

40

다음 漢字의 訓과 音을 쓰시오.

① 感 (   )   ② 童 (   )   ③ 服 (   )
④ 答 (   )   ⑤ 交 (   )   ⑥ 市 (   )
⑦ 六 (   )   ⑧ 急 (   )   ⑨ 室 (   )
⑩ 球 (   )   ⑪ 午 (   )   ⑫ 草 (   )
⑬ 夜 (   )   ⑭ 勇 (   )   ⑮ 活 (   )
⑯ 消 (   )   ⑰ 園 (   )   ⑱ 淸 (   )
⑲ 注 (   )   ⑳ 晝 (   )   ㉑ 集 (   )
㉒ 育 (   )   ㉓ 陰 (   )   ㉔ 者 (   )
㉕ 形 (   )   ㉖ 窓 (   )   ㉗ 黃 (   )
㉘ 醫 (   )   ㉙ 便 (   )   ㉚ 例 (   )

답
① 느낄 감 ② 아이 동 ③ 옷 복 ④ 대답할 답 ⑤ 사귈 교 ⑥ 저자 시 ⑦ 여섯 육 ⑧ 급할 급 ⑨ 집 실 ⑩ 공 구 ⑪ 낮 오 ⑫ 풀 초 ⑬ 밤 야 ⑭ 날랠 용 ⑮ 살 활 ⑯ 사라질 소 ⑰ 동산 원 ⑱ 깨끗할 청 ⑲ 물댈 주 ⑳ 낮 주 ㉑ 모을 집 ㉒ 기를 육 ㉓ 그늘 음 ㉔ 사람 자 ㉕ 형상 형 ㉖ 창 창 ㉗ 누를 황 ㉘ 의사·치료할 의 ㉙ 편리할 편, 오줌 변 ㉚ 실례 예·법식 례

41

다음 漢字의 訓과 音을 쓰시오.

① 昨 (   )   ② 紙 (   )   ③ 待 (   )
④ 算 (   )   ⑤ 林 (   )   ⑥ 野 (   )
⑦ 席 (   )   ⑧ 第 (   )   ⑨ 選 (   )
⑩ 舊 (   )   ⑪ 爭 (   )   ⑫ 束 (   )
⑬ 産 (   )   ⑭ 救 (   )   ⑮ 漁 (   )
⑯ 氷 (   )   ⑰ 筆 (   )   ⑱ 曲 (   )
⑲ 雲 (   )   ⑳ 財 (   )   ㉑ 災 (   )
㉒ 湖 (   )   ㉓ 敬 (   )   ㉔ 仙 (   )

답
① 어제 작 ② 종이 지 ③ 기다릴 대 ④ 셈할 산 ⑤ 수풀 림(임) ⑥ 들 야 ⑦ 자리 석 ⑧

차례 제 ⑨ 가릴 선 ⑩ 옛 구 ⑪ 다툴 쟁 ⑫ 묶을 속 ⑬ 낳을 산 ⑭ 도울 구 ⑮ 고기잡을 어 ⑯ 얼음 빙 ⑰ 붓 필 ⑱ 굽을 곡 ⑲ 구름 운 ⑳ 재물 재 ㉑ 재앙 재 ㉒ 호수 호 ㉓ 공경할 경 ㉔ 신선 선

42

다음 漢字의 訓과 音을 쓰시오.

① 洗 (　　　)　② 黑 (　　　)　③ 都 (　　　)
④ 敗 (　　　)　⑤ 流 (　　　)　⑥ 休 (　　　)
⑦ 輕 (　　　)　⑧ 筆 (　　　)　⑨ 致 (　　　)
⑩ 談 (　　　)　⑪ 體 (　　　)　⑫ 淸 (　　　)
⑬ 汽 (　　　)　⑭ 束 (　　　)　⑮ 充 (　　　)
⑯ 爭 (　　　)　⑰ 望 (　　　)　⑱ 番 (　　　)
⑲ 具 (　　　)　⑳ 湖 (　　　)　㉑ 情 (　　　)
㉒ 軍 (　　　)　㉓ 號 (　　　)　㉔ 耳 (　　　)

답
① 씻을 세 ② 검을 흑 ③ 도읍 도 ④ 패할 패 ⑤ 흐를 유 ⑥ 쉴 휴 ⑦ 가벼울 경 ⑧ 붓 필 ⑨ 이를 치 ⑩ 말씀 담 ⑪ 몸 체 ⑫ 깨끗할 청 ⑬ 수증기·김 기 ⑭ 묶을 속 ⑮ 찰 충 ⑯ 다툴 쟁 ⑰ 바랄 망 ⑱ 차례 번 ⑲ 갖출 구 ⑳ 호수 호 ㉑ 뜻 정 ㉒ 군사 군 ㉓ 부를 호 ㉔ 귀 이

43

다음 漢字의 訓과 音을 쓰시오.

① 輕 (　　　)　② 課 (　　　)　③ 給 (　　　)
④ 加 (　　　)　⑤ 能 (　　　)　⑥ 壇 (　　　)
⑦ 歌 (　　　)　⑧ 量 (　　　)　⑨ 冷 (　　　)
⑩ 歷 (　　　)　⑪ 領 (　　　)　⑫ 朗 (　　　)
⑬ 類 (　　　)　⑭ 寫 (　　　)　⑮ 家 (　　　)
⑯ 序 (　　　)　⑰ 各 (　　　)　⑱ 首 (　　　)
⑲ 安 (　　　)　⑳ 曜 (　　　)　㉑ 典 (　　　)
㉒ 願 (　　　)　㉓ 展 (　　　)　㉔ 最 (　　　)

답
① 가벼울 경 ② 부과할 과 ③ 공급할 급 ④ 더할 가 ⑤ 능할 능 ⑥ 단 단 ⑦ 노래 가 ⑧ 헤아릴·양 양 ⑨ 찰 냉 ⑩ 지낼 역 ⑪ 영 영 ⑫ 밝을 랑(낭) ⑬ 무리 유(류) ⑭ 베낄 사 ⑮ 집 가 ⑯ 차례 서 ⑰ 각각 각 ⑱ 머리 수 ⑲ 편안할 안 ⑳ 요일·빛날 요 ㉑ 법 전 ㉒ 바랄 원 ㉓ 펼 전 ㉔ 가장 최

44

다음 漢字의 訓과 音을 쓰시오.

① 産 (   )   ② 期 (   )   ③ 江 (   )
④ 末 (   )   ⑤ 獨 (   )   ⑥ 赤 (   )
⑦ 己 (   )   ⑧ 災 (   )   ⑨ 典 (   )
⑩ 窓 (   )   ⑪ 罪 (   )   ⑫ 例 (   )
⑬ 開 (   )   ⑭ 雪 (   )   ⑮ 告 (   )
⑯ 葉 (   )   ⑰ 雲 (   )   ⑱ 弱 (   )
⑲ 畫 (   )   ⑳ 鼻 (   )   ㉑ 炭 (   )

답
① 낳을 산 ② 기한 기 ③ 강 강 ④ 끝 말 ⑤ 홀로 독 ⑥ 붉을 적 ⑦ 이미 기 ⑧ 재앙 재
⑨ 법 전 ⑩ 창 창 ⑪ 허물 죄 ⑫ 실례 예(례) ⑬ 열 개 ⑭ 눈 설 ⑮ 아뢸·고할 고 ⑯ 잎 엽 ⑰ 구름 운 ⑱ 약할 약 ⑲ 그림 화 ⑳ 코 비 ㉑ 숯 탄

45

다음 漢字의 訓과 音을 쓰시오.

① 堂 (   )   ② 洋 (   )   ③ 待 (   )
④ 共 (   )   ⑤ 聞 (   )   ⑥ 溫 (   )
⑦ 宅 (   )   ⑧ 黃 (   )   ⑨ 銀 (   )
⑩ 根 (   )   ⑪ 窓 (   )   ⑫ 放 (   )
⑬ 愛 (   )   ⑭ 童 (   )   ⑮ 藥 (   )
⑯ 今 (   )   ⑰ 通 (   )   ⑱ 昨 (   )
⑲ 題 (   )   ⑳ 向 (   )   ㉑ 寸 (   )
㉒ 登 (   )   ㉓ 和 (   )   ㉔ 朴 (   )
㉕ 對 (   )   ㉖ 米 (   )   ㉗ 永 (   )

답
① 집 당 ② 큰바다 양 ③ 기다릴 대 ④ 함께 공 ⑤ 들을 문 ⑥ 따뜻할 온 ⑦ 집 택(댁) ⑧ 누를 황 ⑨ 은 은 ⑩ 뿌리 근 ⑪ 창 창 ⑫ 놓을 방 ⑬ 사랑 애 ⑭ 아이 동 ⑮ 약 약 ⑯ 이제 금 ⑰ 통할 통 ⑱ 어제 작 ⑲ 제목 제 ⑳ 향할 향 ㉑ 마디 촌 ㉒ 오를 등 ㉓ 화할 화 ㉔ 순박할·후박나무 박 ㉕ 대할 대 ㉖ 쌀 미 ㉗ 길 영

46

다음 漢字의 訓과 音을 쓰시오.

① 消 (   )   ② 物 (   )   ③ 數 (   )

④ 堂 (　　　)　⑤ 寸 (　　　)　⑥ 改 (　　　)
⑦ 孫 (　　　)　⑧ 病 (　　　)　⑨ 重 (　　　)
⑩ 北 (　　　)　⑪ 京 (　　　)　⑫ 夏 (　　　)
⑬ 去 (　　　)　⑭ 建 (　　　)　⑮ 圖 (　　　)
⑯ 藥 (　　　)　⑰ 本 (　　　)　⑱ 在 (　　　)
⑲ 通 (　　　)　⑳ 愛 (　　　)　㉑ 先 (　　　)
㉒ 向 (　　　)　㉓ 式 (　　　)　㉔ 服 (　　　)
㉕ 交 (　　　)　㉖ 形 (　　　)　㉗ 共 (　　　)

답
① 사라질 소 ② 만물 물 ③ 셈 수 ④ 집 당 ⑤ 마디 촌 ⑥ 고칠 개 ⑦ 손자 손 ⑧ 병 병 ⑨ 무거울 중 ⑩ 북녘 북, 질 배 ⑪ 서울 경 ⑫ 여름 하 ⑬ 갈 거 ⑭ 세울 건 ⑮ 그림 도 ⑯ 약 약 ⑰ 근본 본 ⑱ 있을 재 ⑲ 통할 통 ⑳ 사랑 애 ㉑ 먼저 선 ㉒ 향할 향 ㉓ 법식 식 ㉔ 옷 복 ㉕ 사귈 교 ㉖ 형상 형 ㉗ 함께 공

47

다음 漢字의 訓과 音을 쓰시오.

① 樹 (　　　)　② 醫 (　　　)　③ 邑 (　　　)
④ 運 (　　　)　⑤ 才 (　　　)　⑥ 短 (　　　)
⑦ 今 (　　　)　⑧ 利 (　　　)　⑨ 新 (　　　)
⑩ 雪 (　　　)　⑪ 窓 (　　　)　⑫ 急 (　　　)
⑬ 綠 (　　　)　⑭ 淸 (　　　)　⑮ 擧 (　　　)
⑯ 待 (　　　)　⑰ 角 (　　　)　⑱ 然 (　　　)
⑲ 溫 (　　　)　⑳ 弱 (　　　)　㉑ 表 (　　　)
㉒ 根 (　　　)　㉓ 頭 (　　　)　㉔ 答 (　　　)

답
① 나무 수 ② 의사·치료할 의 ③ 고을 읍 ④ 움직일 운 ⑤ 재주 재 ⑥ 짧을 단 ⑦ 이제 금 ⑧ 이로울·날카로울 이(리) ⑨ 새로울 신 ⑩ 눈 설 ⑪ 창 창 ⑫ 급할 급 ⑬ 푸를 녹(록) ⑭ 깨끗할 청 ⑮ 들 거 ⑯ 기다릴 대 ⑰ 뿔 각 ⑱ 그럴 연 ⑲ 따뜻할 온 ⑳ 약할 약 ㉑ 겉 표 ㉒ 뿌리 근 ㉓ 머리 두 ㉔ 대답할 답

한자뜻풀이

48

다음 漢字語의 뜻을 쓰시오.

① 見學 (　　　　　　　　　　)

② 夏服 (   )
③ 利害 (   )

> 답
> ① 실제로 보고 학식을 넓힘(見學 : 볼 견, 배울 학) ② 여름에 입는 옷(夏服 : 여름 하, 옷 복)
> ③ 이로움과 해로움(利害 : 이로울 이(리), 해칠 해)

49

다음 漢字語의 뜻을 쓰시오.

① 文章 (   )
② 洗車 (   )
③ 住民 (   )

> 답
> ① 생각이나 느낌, 사상 등을 글로 표현한 내용(文章 : 글월 문, 글 장) ② 차를 닦음(洗車 : 씻을 세, 수레 차) ③ 일정한 지역에 사는 사람(住民 : 살 주, 백성 민)

50

다음 漢字語의 뜻을 쓰시오.

① 首都 (   )
② 獨身 (   )
③ 先祖 (   )

> 답
> ① 수도(首都 : 머리 수, 도시 도) ② 홀몸, 배우자가 없는 사람(獨身 : 홀로 독, 몸 신) ③ 한 집안의 조상(先祖 : 먼저 선, 조상 조)

51

다음 漢字語의 뜻을 쓰시오.

① 意思   (   )
② 主客   (   )
③ 十中八九(짧은 글을 지어도 좋음) (   )

> 답
> ① 무엇을 하고자 하는 생각이나 마음(意思 : 뜻 의, 생각할 사) ② 주인과 나그네(손)(主客 : 주인 주, 손님 객) ③ 열 가운데 여덟이나 아홉, 거의 틀림없음(十中八九 : 열 십, 가운데 중, 여덟 팔, 아홉 구)

52

다음 漢字語의 뜻을 쓰시오.
① 平野 (   )
② 明日 (   )

답
① 평평하게 펼쳐진 들(平野 : 평평할 평, 들 야) ② 다음 날, 내일(明日 : 밝을 명, 날 일)

53

다음 漢字語의 뜻을 쓰시오.
① 前後 (   )
② 朝夕 (   )

답
① 앞과 뒤(前後 : 앞 전, 뒤 후) ② 아침과 저녁(朝夕 : 아침 조, 저녁 석)

54

다음 漢字語의 뜻을 쓰시오.
① 成功 (   )
② 失神 (   )

답
① 자기의 뜻을 이룸(成功 : 이룰 성, 공 공) ② 정신을 잃음(失神 : 잃을 실, 귀신·정신 신)

55

다음 밑줄 친 漢字語의 뜻을 쓰시오.
① 道路에서 자동차가 나란히 달리고 있다.   (   )
② 교실에 溫風기가 돌아간다.   (   )

답
① 사람이나 차가 다닐 수 있는 넓은 길(道路 : 길 도, 길 로) ② 따뜻한 바람(溫風 : 따뜻할 온, 바람 풍)

56

다음 漢字語의 뜻을 쓰시오.

① 分業 (　　　　　　　　)
② 讀書 (　　　　　　　　)

답
① 일을 나누어 함(分業 : 나눌 분, 일 업)　② 책을 읽음(讀書 : 읽을 독, 책 서)

57

다음 밑줄 친 漢字語의 뜻을 쓰시오.

① <u>身體</u>가 건강해야 정신도 건강하다.　(　　　　　　　　)
② <u>病者</u>를 보고 건강의 소중함을 알았다.　(　　　　　　　　)

답
① 몸(身體 : 몸 신, 몸 체)　② 병에 걸린 사람(病者 : 병 병, 사람 자)

58

다음 漢字語의 뜻을 쓰시오.

① 國軍 (　　　　　　　　)
② 南北 (　　　　　　　　)

답
① 우리나라 군대(國軍 : 나라 국, 군사 군)　② 남쪽과 북쪽(南北 : 남녘 남, 북녘 북)

59

다음 漢字語의 뜻을 쓰시오.

① 過去 (　　　　　　　　)
② 輕量 (　　　　　　　　)
③ 獨立 (　　　　　　　　)

답
① 지나온 인생, 이미 지나간 것(過去 : 지날·허물 과, 갈 거)
② 가벼운 무게(輕量 : 가벼울 경, 헤아릴 량)
③ 남의 힘을 빌리지 않고 홀로 섬(獨立 : 홀로 독, 설 립)

60

다음 漢字語의 뜻을 쓰시오.

① 一口二言 (   )
② 作心三日 (   )

답 ① 한 입으로 두 가지 말을 함(一口二言 : 한 일, 입 구, 두 이, 말씀 언) ② 억지로 먹은 마음이 오래가지 못함(作心三日 : 만들 작, 마음 심, 석 삼, 날 일)

61

다음 낱말의 뜻에 알맞은 漢字語를 보기에서 골라 그 번호를 쓰시오.

| ㉠ 愛國 | ㉡ 左右 | ㉢ 因果 | ㉣ 公休日 | ㉤ 方向 | ㉥ 現在 |

① 나라에서 정해서 쉬게 한 날   (   )
② 왼쪽과 오른쪽   (   )
③ 원인과 결과   (   )

답 ① ㉣ 公休日(공변될 공, 쉴 휴, 날 일) ② ㉡ 左右(왼 좌, 오른 우) ③ ㉢ 因果(인할 인, 결과 과)

62

다음 漢字語의 뜻을 쓰시오.

① 建國 (   )
② 鐵橋 (   )
③ 失業 (   )
④ 開花 (   )
⑤ 風速 (   )

답 ① 나라를 세움(建國 : 세울 건, 나라 국) ② 쇠로 만든 다리(鐵橋 : 쇠 철, 다리 교) ③ 직업을 잃다(失業 : 잃을 실, 일 업) ④ 꽃이 피다(開花 : 열 개, 꽃 화) ⑤ 바람의 빠르기(風速 : 바람 풍, 빠를 속)

5급선정 300字(6급 150字포함) 쓰기 및 활용

한자능력검정시험 5급, 6급 기초쓰기 배정한자는 5급이 300字 그리고 6급이 150字입니다. 총 300字 중 5급과의 구별을 위해 6급 쓰기한자 150字에는 ★표를 해 두었습니다. 5급 쓰기한자는 6급 읽기 300字, 6급 쓰기한자는 7급 읽기 150字를 다시 한번 익히는 단계라고 생각하셔도 됩니다. 한자는 읽는 것만큼 쓰기 역시 중요하니, 그 용례들을 참고적으로 쓰기에 적극 활용해 봅시다. 이 단원에 관련된 문제유형은 한자쓰기와 약자문제입니다.

家★ 집 가
| 家風 | | | | 家親 | | | |

- 家風(가풍) : 한 집안에 전해 내려오는 풍습이나 범절(凡節)
- 家親(가친) : 남에게 자기 아버지를 일컫는 말

歌★ 노래 가
| 歌手 | | | | 歌謠 | | | |

- 歌手(가수) : 노래를 부르는 일을 직업으로 하는 사람
- 歌謠(가요) : 민요, 동요, 속요, 유행가 따위를 통틀어 이르는 말 예) 大衆歌謠(대중가요)

角 뿔 각
| 角度 | | | | 角逐 | | | |

- 角度(각도) : 각(角)의 크기
- 角逐(각축) : 서로 이기려고 다툼

各 각각 각
| 各個 | | | | 各其 | | | |

- 各個(각개) : 낱낱. 하나하나
- 各其(각기) : 저마다   비) 各各(각각)

間	間							
사이 간	間接				間食			

- 間接(간접) : 중간(中間)에 매개(媒介)를 두고 연락되는 관계
- 間食(간식) : 군음식, 샛밥

感	感							
감동할 감, 느낄 감	感動				感謝			

- 感動(감동) : 깊이 느끼어 마음이 대단히 움직임
- 感謝(감사) : 고맙게 여김. 또 고맙게 여겨 사의(謝意)를 표함

江	江							
강 강	江頭				江湖			

- 江頭(강두) : 강가
- 江湖(강호) : ① 강과 호수 ② 세상, 속세 ③ 관직을 떠나 은거(隱居)해 있는 시골

強	強							
강할 강	強健				強壓			

- 強健(강건) : 체질(體質)이 튼튼하고 건전(健全)함
- 強壓(강압) : ① 세게 억누름 ② 함부로 억누름

開	開							
열 개	開館				開拓			

- 開館(개관) : 회관(會館)이나 공관(公館) 따위의 사무를 개시함   (반) 閉館(폐관)
- 開拓(개척) : 토지를 개간하여 경지(耕地)를 넓힘

車						
수레 거, 수레 차	車駕			車馬		

- 車駕(거가) : 임금의 수레
- 車馬(거마) : ① 수레와 말 ② 사람의 왕래

京						
서울 경	京山			京鄕		

- 京山(경산) : 서울의 근처에 있는 산
- 京鄕(경향) : 서울과 시골

界						
세계 계	境界			限界		

- 境界(경계) : ① 지역이 갈라지는 한계 ② 어떤 분야와 다른 분야와의 갈라지는 한계
- 限界(한계) : ① 땅의 경계 ② 사물의 정하여진 범위 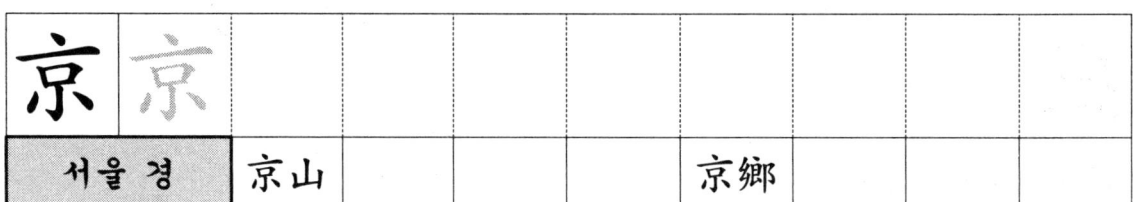 限界狀況(한계상황)

計						
셈할 계	計略			計算		

- 計略(계략) : 꾀. 모략(謀略) 비 計劃(계획)
- 計算(계산) : ① 수량(數量)을 헤아림 ② 국가의 회계

苦						
괴로울 고	苦難			苦惱		

- 苦難(고난) : 괴로움과 어려움 비 苦楚(고초)
- 苦惱(고뇌) : 괴로움과 번뇌. 마음이 괴로움 비 苦悶(고민)

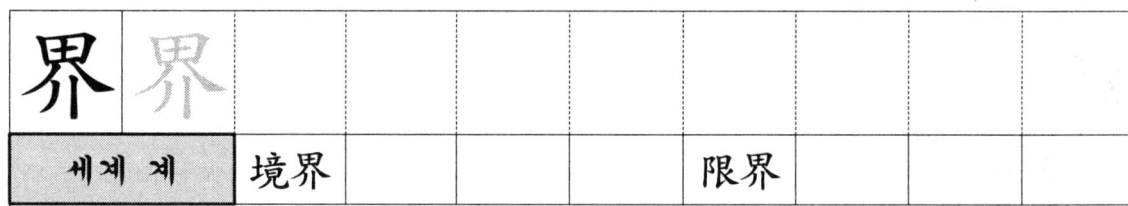

高	高								
높을 고	高潔			高齡					

- 高潔(고결) : 고상하고 깨끗함. 이욕에 끌리지 않고 청백함
- 高齡(고령) : 나이가 많음 ⑪ 老齡(노령)

古	古								
옛 고	古宮			古今					

- 古宮(고궁) : 옛 궁궐
- 古今(고금) : 옛날과 지금

工	工								
장인 공	工業			工藝					

- 工業(공업) : 원료 또는 조제품에 인공(人工)을 가하여 쓸만한 물건을 제조하는 생산업
- 工藝(공예) : 물건을 만드는 재주. 제작(製作)의 기술(技術)

空	空								
빌 공	空間			空腹					

- 空間(공간) : ① 빈자리, 빈틈 ② 천지(天地)의 사이
- 空腹(공복) : ① 빈 속 ② 배가 고픔

公	公								
공변될 공	公開			公共					

- 公開(공개) : 숨김없이 드러냄. 집회 등을 일반에게 허용함
- 公共(공공) : ① 사회의 여러 사람과 같이 함 ② 일반 사회

功							
공 공, 일할 공	功德				功勞		

- 功德(공덕) : ① 공적(功績)과 덕행 ② 불교에서 현재 또는 미래에 행복을 가져올 선행
- 功勞(공로) : 애를 써 이룬 공적

共							
함께 공	共犯				共榮		

- 共犯(공범) : 여럿이 공모하여 죄를 범함 또는 그 사람
- 共榮(공영) : 서로 함께 번영함

科							
과정 과, 과목 과	科擧				科目		

- 科擧(과거) : 옛날에 문무관(文武官)을 등용(登用)하던 시험
- 科目(과목) : 학문의 구분

果							
열매 과, 결과 과	果樹				果實		

- 果樹(과수) : 과실나무, 과목(果木)
- 果實(과실) : 먹을 수 있는 나무의 열매

光							
빛 광	光年				光榮		

- 光年(광년) : 일초동안에 삼십만 킬로미터를 가는 빛이 일년동안 가는 거리
- 光榮(광영) : 영광. 영예

校	校								
학교 교	登校				將校				

- 登校(등교) : (학생이)학교에 감 맨 下校(하교)
- 將校(장교) : 육·해·공군의 소위 이상의 무관을 통틀어 이르는 말 맨 士兵(사병)

敎	敎								
가르칠 교	敎師				敎訓				

- 敎師(교사) : 학문(學問), 기예(技藝)를 가르치는 사람. 스승
- 敎訓(교훈) : (사랑으로서 나아갈 길을 그르치지 않도록)가르치고 깨우침 또는 그 가르침

交	交								
사귈 교	交感				交隣				

- 交感(교감) : 서로 접촉되어 감응함
- 交隣(교린) : 이웃 나라와의 교제

九	九								
아홉 구	九尾狐				九暑				

- 九尾狐(구미호) : 꼬리가 아홉 달린 여우. 사람을 잘 속인다 함
- 九暑(구서) : 여름의 구십일간의 더위

口	口								
입 구	口腔				口頭				

- 口腔(구강) : 입 속
- 口頭(구두) : 직접 입으로 하는 말 예 口頭契約(구두계약)

球 球
공 구 | 球技 | | 電球

- 球技(구기) : 공을 사용하는 운동경기 예) 球技種目(구기종목)
- 電球(전구) : 전기를 통하게 하여 밝게 하는 기구. 전등 알 예) 白熱電球(백열전구)

區 區
(약) 区

지경 구 | 區域 | | 區劃

- 區域(구역) : 갈라놓은 경계
- 區劃(구획) : 경계를 갈라 정함. 구분하여 획정(劃定)함

國 國
(속) 国

나라 국 | 國防 | | 國寶

- 國防(국방) : 외적(外敵)이 침범(侵犯)하지 못하도록 준비하는 방비
- 國寶(국보) : ① 나라의 보배 ② 역사상 또는 예술상 귀중한 것으로서 국가에서 보호하는 건축·기물(器物)·서화(書畵)·전적(典籍) 등

軍 軍
군사 군 | 軍歌 | | 軍刀

- 軍歌(군가) : 군인들의 사기를 고취하기 위하여 부른 노래
- 軍刀(군도) : 군인이 차는 칼. 전쟁에 쓰는 칼

郡 郡
고을 군 | 郡守 | | 郡縣

- 郡守(군수) : 한 군(郡)의 우두머리. 곧 군의 태수(太守)
- 郡縣(군현) : 군과 현. 군하의 지방 예) 郡縣制度(군현제도)

根 根								
뿌리 근, 근본 근	根幹				根絶			

- 根幹(근간) : ① 뿌리와 줄기 ② 근본(根本)
- 根絶(근절) : 뿌리째 없애버림

近 近								
가까울 근	近郊				近接			

- 近郊(근교) : 도회에 가까운 변두리
- 近接(근접) : 가까움, 또 가까워짐, 접근함

金 金								
쇠 금, 성 김	金剛石				金庫			

- 金剛石(금강석) : 순수한 탄소로 된 정팔면체의 결정물. 다이아몬드
- 金庫(금고) : ① 금은보화를 저장하는 창고 ② 화폐 및 귀중품 등을 넣고 화재, 도난을 방지하는 특별장치를 한 기계

今 今								
이제 금	今世				昨今			

- 今世(금세) : 지금세상　비 當世(당세), 現世(현세)
- 昨今(작금) : ① 어제와 오늘 ② 요즘, 요사이

急 急								
급할 급	急變				急進			

- 急變(급변) : 별안간 달라짐
- 急進(급진) : ① 급히 나아감 ② 일을 빨리 실현코자 하여 서둠　예 急進展(급진전)

級

등급 급, 가지런할 등 | 等級 | | 均等

- 等級(등급) : 고하, 우열 등의 차례
- 均等(균등) : 수량이나 상태 등이 차별없이 고름

氣

(약) 気

기운 기, 술 기 | 氣流 | | 氣候

- 氣流(기류) : 대기(大氣)의 유동
- 氣候(기후) : 대기의 변동과 수륙의 형세에 따라 생기는 날씨 현상

記

기록할 기, 기억할 기 | 記念 | | 記錄

- 記念(기념) : 기억하여 잊지 아니함 (예) 記念碑(기념비)
- 記錄(기록) : 적음 또는 그 서류

旗

기 기 | 旗手 | | 太極旗

- 旗手(기수) : 기를 드는 사람
- 太極旗(태극기) : 우리나라의 국기

南

남녘 남 | 南極 | | 南至

- 南極(남극) : 지축(地軸)의 남쪽 끝 (반) 北極(북극)
- 南至(남지) : 동지(冬至)의 다른 이름

男

사내 남 | 男婚 | | | | 得男

- 男婚(남혼): 아들의 혼인 (반) 女婚(여혼)
- 得男(득남): 아들을 낳음 (반) 得女(득녀)

內

안 내 | 內簡 | | | | 內應

- 內簡(내간): 여자가 받거나 보내는 편지. 안편지
- 內應(내응): 남몰래 적(敵)과 통함

女

여자 녀(여) | 女權 | | | | 女皇

- 女權(여권): 여자의 사회적 정치적 법률상의 권리 (예) 女權伸張(여권신장)
- 女皇(여황): 여자 황제

年

해 년 | 年鑑 | | | | 年齒

- 年鑑(연감): 한 해 동안에 일어난 여러 가지 일이나 기록을 모아 한 해에 한번씩 내는 간행물
- 年齒(연치): 나이, 연령

農

농사 농 | 農耕 | | | | 農繁期

- 農耕(농경): 농사를 짓는 일. 농사, 농업
- 農繁期(농번기): 농사에 바쁜 시기 (반) 農閑期(농한기)

多	多						
많을 다	多寡			多忙			

- 多寡(다과) : 많음과 적음
- 多忙(다망) : 매우 바쁨. 일이 많음

短	短						
짧을 단	短縮			短點			

- 短縮(단축) : 짧게 줄임
- 短點(단점) : 다른 것과 비교하여 모자라거나 흠이 되는 점 (반) 長點(장점)

答	答						
대답할 담	答禮			答狀			

- 答禮(답례) : 남에게 받은 예를 갚는 예
- 答狀(답장) : 회답하는 편지

堂	堂						
집 당	堂伯叔			講堂			

- 堂伯叔(당백숙) : 아버지의 종형제(從兄弟)
- 講堂(강당) : 학교 등에서 강연, 강의, 의식 등을 하기 위해 특별히 마련한 큰 방

大	大						
대 대	大氣			大抵			

- 大氣(대기) : 지구를 싸고 있는 공기(空氣)
- 大抵(대저) : 무릇, 대개 (비) 大底(대저)

代

대신할 대 | 代辯 | | 交代

- 代辯(대변) : 어떤 사람이나 기관을 대신하여 그의 의견이나 태도를 발표함
- 交代(교대) : 서로 번갈아 듦 또는 번갈아 드는 사람

對

(속) 対

마주볼 대, 대답할 대 | 對比 | | 對酌

- 對比(대비) : 맞대어 비교함 (비) 對照(대조)
- 對酌(대작) : 서로 마주 대하여 술을 마심

待

기다릴 대, 대접할 대 | 待望 | | 待接

- 待望(대망) : 기다리고 바람
- 待接(대접) : 대우(待遇)

道

길 도, 말할 도 | 道德 | | 道路

- 道德(도덕) : 사람이 행하여야 할 도리 (예) 道德君子(도덕군자)
- 道路(도로) : 사람이 통행하는 길

圖

(약) 図

꾀할 도, 그림 도 | 圖謀 | | 圖畫

- 圖謀(도모) : 일을 이루려고 꾀함
- 圖畫(도화) : 그림 또는 그림을 그림

度										
범도 도, 헤아릴 탁	度量				速度					

- 度量(도량) : ① 길이를 재는 기구 ② 사물을 너그럽게 용납하여 처리하는 품성
- 速度(속도) : 빠르기

讀										㉧ 読
읽을 독, 구절 두	讀破				講讀					

- 讀破(독파) : 책(冊)을 다 읽어 내림
- 講讀(강독) : 글을 읽고 그 뜻을 밝힘

東										
동녘 동	東君				東漸					

- 東君(동군) : ① 봄의 신(神) ② 해. 태양 ③ 봄을 맡은 동쪽의 신
- 東漸(동점) : 차츰 동쪽으로 옮음

動										
움직일 동	動機				動脈					

- 動機(동기) : ① 행동의 직접 원인 ② 행위의 직접 원인이 되는 마음상태
- 動脈(동맥) : 심장의 피를 전신에 보내는 맥관

洞										
고을 동, 통할 통	洞窟				洞察					

- 洞窟(동굴) : 굴, 깊고 넓은 굴
- 洞察(통찰) : 온통 밝히어 살핌

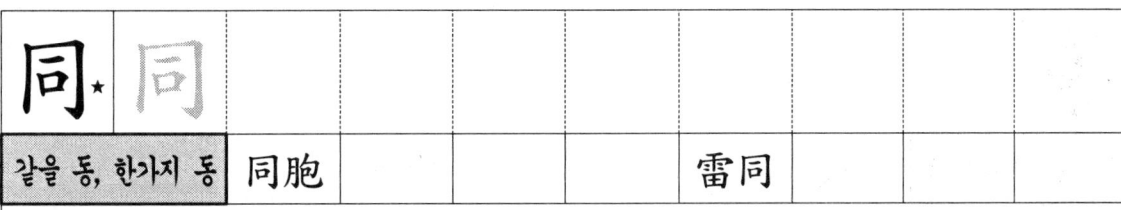

| 같을 동, 한가지 동 | 同胞 | | | 雷同 | | | |

- 同胞(동포) : ① 같은 어머니에게서 태어난 형제 자매 ② 한 나라 한 민족에 속하는 사람
- 雷同(뇌동) : 주견이 없이 남의 의견에 좇아 함께 어울림 예 附和雷同(부화뇌동)

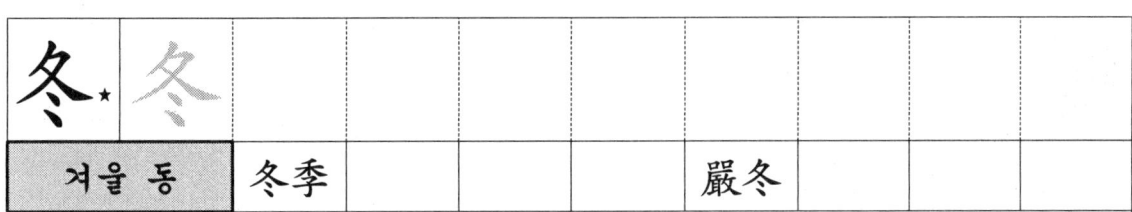

| 겨울 동 | 冬季 | | | 嚴冬 | | | |

- 冬季(동계) : 동기(冬期). 겨울동안의 시기 반 夏季(하계)
- 嚴冬(엄동) : 몹시 추운 겨울 예 嚴冬雪寒(엄동설한)

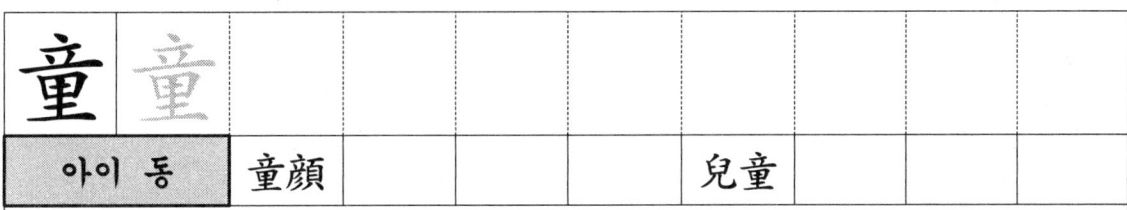

| 아이 동 | 童顏 | | | 兒童 | | | |

- 童顏(동안) : 어린애같은 얼굴. 나이보다 젊어 보이는 얼굴
- 兒童(아동) : 초등학교에 다니는 어린아이 예 兒童文學(아동문학)

| 머리 두 | 頭髮 | | | 念頭 | | | |

- 頭髮(두발) : 머리털, 머리카락
- 念頭(염두) : 마음, 생각

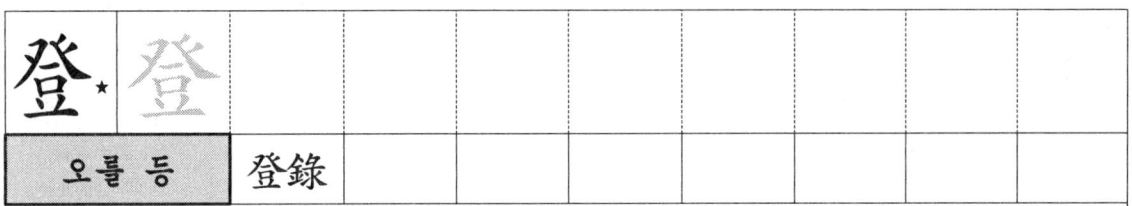

| 오를 등 | 登錄 | | | | | | |

- 登錄(등록) : ① 문서나 장부에 올림 ② 법령의 규정에 의한 어떠한 권리 관계 또는 신분 관계 등의 사항을 공증(公證)하기 위하여 관계되는 관청의 장부에 기재하는 일

等
등급 등, 가지런할 등 | 等級 | | 均等

- 等級(등급): 고하, 우열 등의 차례
- 均等(균등): 수량이나 상태 등이 차별없이 고름

樂
즐거울 락, 좋아할 요, 음악 악 | 樂園 | | 娛樂 | (속) 楽

- 樂園(낙원): 살기좋은 즐거운 장소. 천국(天國)
- 娛樂(오락): 피로나 긴장을 풀기 위해 게임, 노래, 춤 등으로 즐겁게 노는 일

來
올 래(내) | 來訪 | | 以來

- 來訪(내방): 집으로 찾아옴
- 以來(이래): 지나간 일정한 때로부터 이제까지

力
힘 력 | 力士 | | 力作

- 力士(역사): 뛰어나게 힘이 센 사람
- 力作(역작): 애써서 지음 또는 그 작품. 훌륭한 작품

禮
예절 례(예) | 禮遇 | | 禮儀 | (예) 礼

- 禮遇(예우): 예를 갖추어 대우함
- 禮儀(예의): 예절과 의용(儀容) 예) 禮儀凡節(예의범절)

老	老								
	늙을 로	老鍊				老炎			

- 老鍊(노련) : 오랜 경험을 쌓아 능란함
- 老炎(노염) : 늦더위

路	路								
	길 로	路線				路程			

- 路線(노선) : 버스 등 교통기관이 다니는 일정한 길. 개인이나 조직의 일정한 행동방침
- 路程(노정) : 여행의 경로나 일정

綠	綠								㉎ 綠
	초록빛 록	綠池				綠陰			

- 綠池(녹지) : 물이 푸른 못
- 綠陰(녹음) : 푸른 잎이 우거진 나무의 그늘

六	六								
	여섯 륙	六法				六旬			

- 六法(육법) : 여섯 가지의 기본 법률. 곧 헌법·형법·민법·상법·형사소송법·민사소송법
- 六旬(육순) : ① 육십 일(日) ② 예순 살

里	里								
	마을 리(이)	里數				洞里			

- 里數(이수) : 거리를 리(里)의 단위로 센 수
- 洞里(동리) : ① 마을 ② 지방행정구역의 하나인 동과 리의 총칭

理

다스릴 리, 이치 리 | 理念 | | | 理想

- 理念(이념) : 무엇을 최고의 것으로 하는가에 대한 그 사람의 근본적인 생각
- 理想(이상) : 그렇게 되었으면 하고 마음에 그리며 추구하는 최상, 최선의 목표

利

이로울 리, 날카로울 리 | 利己 | | | 利益

- 利己(이기) : 자기 한 몸의 이익과 쾌락만을 꾀함 예) 利己主義(이기주의)
- 利益(이익) : 이득. 유익함 반) 損失(손실)

李

오얏나무 리, 성 이 | 李杜 | | | 李花

- 李杜(이두) : 중국 당나라 때의 시인인 이백(李白)과 두보(杜甫)를 이르는 말
- 李花(이화) : 자두꽃

林

수풀 림(임) | 林立 | | | 林野

- 林立(임립) : 숲의 나무와 같이 많이 늘어섬
- 林野(임야) : 나무가 늘어서 있는 넓은 땅. 산림지대

立

설 립(입) | 立件 | | | 立體

- 立件(입건) : 혐의 사실을 인정하고 사건을 성립시킴
- 立體(입체) : 길이·폭·부피를 가진 것

萬	萬								
일만 만	萬感			萬福					

- 萬感(만감) : 여러 가지 생각. 만가지의 느낌
- 萬福(만복) : 온갖 복록(福祿)

每	每								
매양 매, 마다 매	每番			每週					

- 每番(매번) : 번번이
- 每週(매주) : 각주 또는 주간마다

面	面								
얼굴 면	面駁			面從					

- 面駁(면박) : 마주 보고 공박함
- 面從(면종) : 보는 앞에서만 복종함 예) 面從腹背(면종복배)

名	名								
이름 명	名目			名勝					

- 名目(명목) : ① 사물을 지정해 부르는 이름 ⑪ 稱名(칭명) ② 구실. 이유
- 名勝(명승) : 경치가 아름다운 곳. 훌륭하고 이름난 자연풍치

命	命								
목숨 명, 시킬 명	命令			命脈					

- 命令(명령) : 웃사람이 아랫사람에게 내리는 분부
- 命脈(명맥) : 목숨과 맥, 즉 목숨. 생명(生命)

明 明									
밝을 명	明晳				明朝				

- 明晳(명석) : 분명하고 똑똑함
- 明朝(명조) : ① 내일 아침 ② 중국 명나라의 조정 ③ 활자체의 한 가지

母 母									
어머니 모	母體				庶母				

- 母體(모체) : ① 어머니의 몸 ② 근본이 되는 사물
- 庶母(서모) : 아버지의 첩. 첩어미

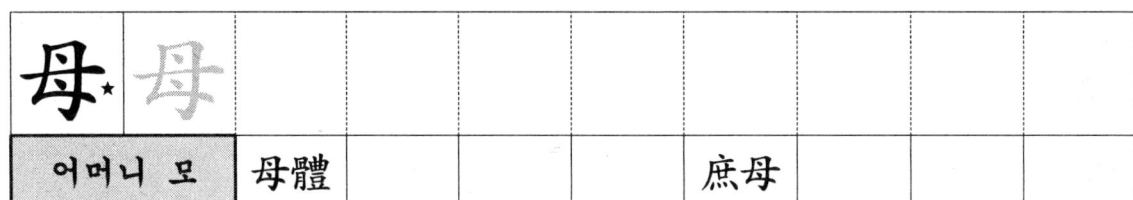

| 나무 목 | 木克土 | | | | 木星 | | | | |

- 木克土(목극토) : 오행의 운행에 있어서 목(木)은 토(土)를 이긴다는 뜻
- 木星(목성) : 태양에서 다섯 번째로 가까운 혹성

目 目									
눈 목	目擊				目睫				

- 目擊(목격) : 그 자리에서 실제로 봄. 직접 자기의 눈으로 봄 ⑪ 目睹(목도)
- 目睫(목첩) : ① 눈과 눈썹 ② 아주 가까운 곳을 이르는 말

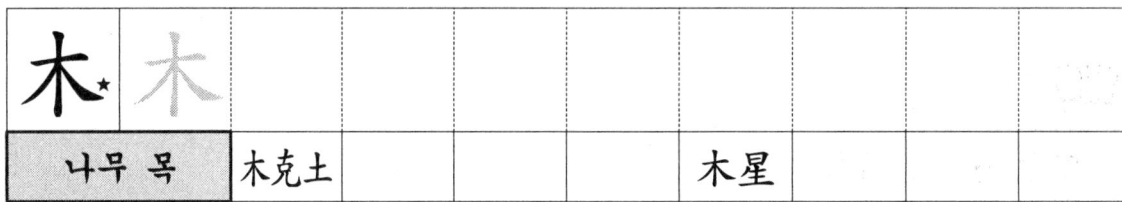

| 문 문 | 門客 | | | | 門下生 | | | | |

- 門客(문객) : ① 식객(食客) ② 글방 선생
- 門下生(문하생) : 제자(弟子)

文									
글월 문, 무늬 문	文盲				文飾				

- 文盲(문맹): 글자를 읽지 못함 또는 그 사람 예) 文盲打破(문맹타파)
- 文飾(문식): 꾸밈. 장식함

問									
물을 문	問答				問喪				

- 問答(문답): 물음과 대답. 묻고 답함
- 問喪(문상): 사람의 죽음에 대(對)하여 위로함 비) 弔喪(조상)

聞									
들을 문	見聞				聽聞				

- 見聞(견문): ① 보고들음 ② 보고 들어서 얻은 지식 예) 見聞錄(견문록)
- 聽聞(청문): 설교나 연설 등을 들음 예) 聽聞會(청문회)

物									
만물 물, 물건 물	物價				物情				

- 物價(물가): 물건의 값 예) 物價指數(물가지수)
- 物情(물정): ① 사물의 본질 ② 세상의 형편

米									
쌀 미	米粒				祿米				

- 米粒(미립): 낟알. 쌀알
- 祿米(녹미): 녹봉(祿俸)으로 받는 쌀

美				
아름다울 미	美談		美貌	

- 美談(미담) : 후세에 전할만한 아름다운 이야기
- 美貌(미모) : 아름답고 고운 얼굴

民				
백성 민	民心		民生	

- 民心(민심) : ① 백성의 마음 ② 여론
- 民生(민생) : ① 국민의 생계 예 民生苦(민생고) ② 일반국민 ③ 백성의 생명

朴				
성 박, 순박할 박	素朴		醇朴	

- 素朴(소박) : 꾸밈이나 거짓이 없는 있는 그대로의 모습
- 醇朴(순박) : 순량하고 꾸밈이 없음

反				
거스를 반, 뒤집을 번	反擊		反亂	

- 反擊(반격) : 쳐들어 오는 적을 되받아 공격함 또는 그러한 공격
- 反亂(반란) : 정권을 타도하기 위한 조직적인 폭력활동 비 叛亂(반란)

半				
반 반, 가운데 반	半減		半徑	

- 半減(반감) : 절반을 덞 또는 절반이 줆
- 半徑(반경) : 원(圓) 또는 구(毬)의 직경의 절반. 반지름

班								
나눌 반	班白			班位				

- 班白(반백): 머리털의 흑백이 서로 반씩 섞임 또는 그 노인
- 班位(반위): ① 지위(地位) ② 같은 지위에 있음

發								
쏠 발, 필 발	發刊			發射				

- 發刊(발간): 인쇄하여 세상에 내놓음
- 發射(발사): 총이나 활을 쏨

方								
방위 방, 모 방	方案			方針				

- 方案(방안): 일을 처리할 방법이나 방도에 관한 안(案)
- 方針(방침): ① 사업이나 행동방향의 지침 ② 방위를 가리키는 지남침

放								
놓을 방	放課			放浪				

- 放課(방과): 그날 학과(學課)를 끝냄
- 放浪(방랑): 정처없이 떠돌아 다님

白								
흰 백	潔白			蒼白				

- 潔白(결백): ① 깨끗하고 흼 ② 지조를 더럽히는 일이 없이 깨끗함
- 蒼白(창백): 핏기가 없이 핼쑥함

百	百								
	일백 백	百穀			百歲				

- 百穀(백곡) : 여러 가지 곡식
- 百歲(백세) : ① 백 년 ② 백 살

番	番								
	차례 번	番號			當番				

- 番號(번호) : 차례를 나타내는 호수
- 當番(당번) : 번드는 차례에 당함 또는 그 사람 ⑪ 非番(비번)

別	別								
	나눌 별, 다를 별	別居			別館				

- 別居(별거) : 따로 살림을 함
- 別館(별관) : 본관(本官) 밖에 따로 설치한 집

病	病								
	병 병	病痛			病弊				

- 病痛(병통) : 사상·성격·행동 등에서 속으로 깊이 박혀 있는 결함
- 病弊(병폐) : 병통과 폐단

服	服								
	일할 복, 쫓을 복, 옷 복	服務			服飾				

- 服務(복무) : 직무(職務)에 힘씀
- 服飾(복식) : 옷의 장식

本	本							
근본 본	本格			本末				

- 本格(본격) : 근본이 되는 격식. 올바른 법식
- 本末(본말) : 일의 근본과 대수롭지 않은 일. 중요한 부분과 그렇지 않은 부분 예 本末顚倒(본말전도)

父	父							
아비 부	父老			嚴父				

- 父老(부로) : 늙으신네. 나이 많은 사람에 대한 존칭
- 嚴父(엄부) : 엄격한 아버지 반 慈母(자모)

夫	夫							
지아비 부, 남편 부	大丈夫			士大夫				

- 大丈夫(대장부) : 건장하고 씩씩한 사나이. 장부(丈夫)
- 士大夫(사대부) : 문벌이 높은 사람을 일컫던 말

部	部							
거느릴 부, 분류 부	部隊			部類				

- 部隊(부대) : 전대(全隊)의 한 부분(部分)의 군대
- 部類(부류) : 부분을 따라 가른 종류(種類)

北	北							
북녘 북, 달아날 배	北極			北緯				

- 北極(북극) : ① 지구(地球)의 북쪽 끝 반 南極(남극) ② 북극성(北極星) ③ 임금의 자리
- 北緯(북위) : 적도(赤道) 이북의 위도(緯度)

分

나눌 분, 푼 푼 | 分量 | 職分

- 分量(분량) : 수량의 많고 적음이나, 부피의 크고 작은 정도
- 職分(직분) : ① 자기가 마땅히 하여야 할 본분 ② 직무상의 본분

不

아닐 불(부) | 不經濟 | 不夜城

- 不經濟(불경제) : (비용·물자·노력 등이)일반적인 기준보다 더 들어 낭비되거나 절약이 못 됨 • 不夜城(불야성) : '밤이 낮같이 밝은 곳'의 비유

四

넉 사 | 四窮

- 四窮(사궁) : 환(鰥 : 늙은 홀아비), 과(寡 : 늙은 홀어미), 고(孤 : 부모 없는 아이), 독(獨 : 자식없는 늙은이)의 불행을 통틀어 이르는 말

事

일 사, 섬길 사 | 事理 | 事親

- 事理(사리) : 사물의 이치. 일의 도리
- 事親(사친) : 어버이를 섬김

社

모일 사, 제사지낼 사 | 社稷 | 社交

- 社稷(사직) : 토지의 주신(主神)과 오곡(五穀)의 신 예 宗廟社稷(종묘사직)
- 社交(사교) : 사회생활에 있어서의 사귐 예 社交術(사교술)

使

| 하여금 사 | 使命 | | | | 使節 | | |

- 使命(사명) : 자기에게 부과된 직무
- 使節(사절) : 임금 또는 정부의 대표가 되어 외국에 가서 있는 사람

死

| 죽을 사 | 死文 | | | | 必死 | | |

- 死文(사문) : ① 조문만 있을 뿐 실제로는 효력이 없는 법령이나 규칙 ② 내용·정신이 없는 문장
- 必死(필사) : ① 꼭 죽음. 살 가망이 없음 ② 죽을 힘을 다함. 죽음을 걸고 행함   예 必死的(필사적)

山

| 산 산, 뫼 산 | 山林 | | | | 山所 | | |

- 山林(산림) : ① 산과 숲 ② 산에 있는 숲 ③ 학덕 높은 선비
- 山所(산소) : ① 무덤 ② 조상의 무덤이 있는 산

算

| 셈할 산 | 算出 | | | | 決算 | | |

- 算出(산출) : 계산해 냄. 셈함   예 算出價格(산출가격)
- 決算(결산) : 계산을 마감함   예 決算報告(결산보고)

三

| 석 삼 | 三綱 | | | | 三省 | | |

- 三綱(삼강) : 임금과 신하, 부모와 자식, 남편과 아내 사이에 지켜야 할 세 가지 도리
- 三省(삼성) : 여러 번 반성함. 거듭 반성함

上	上								
위 상, 오를 상		上客				上覽			

- 上客(상객) : ① 자기보다 지위가 높은 손님 ② 혼인 때 신랑이나 신부를 데리고 가는 사람
- 上覽(상람) : 임금이 봄

色	色								
빛 색		色魔				色情			

- 色魔(색마) : 여색(女色)에 미친 사람
- 色情(색정) : 남녀간의 욕정(欲情). 색을 좋아하는 마음

生	生								
날 생, 살 생		生動				生殖			

- 生動(생동) : 살아 움직임. 특히 그림이나 글씨 따위가 썩 잘 되어서 기운이 살아 움직이듯이 보임 • 生殖(생식) : 낳아서 부림 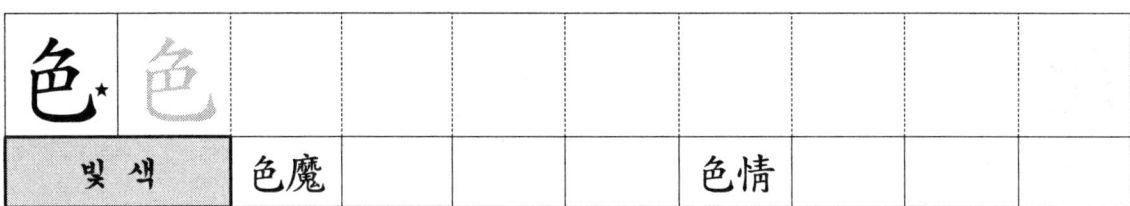 生殖機能(생식기능)

西	西								
서녘 서		西歐				西風			

- 西歐(서구) : 서부 유럽의 여러 나라 • 西風(서풍) : ① 서쪽에서 불어 오는 바람 ② 가을 바람. 오행설(五行說)에서 가을은 서쪽에 해당함

書	書								
책 서, 글 서		書籍				書店			

- 書籍(서적) : 책, 서책(書冊)
- 書店(서점) : 책을 팔거나 사는 가게   ㉑ 書林(서림), 冊房(책방)

夕	夕								
저녁 석		夕刊				夕室			

- 夕刊(석간) : 저녁 때 배달되는 신문. '석간 신문'의 준말 빤 朝刊(조간)
- 夕室(석실) : 한편으로 기울어진 방

石	石								
돌 석		石器				石淸			

- 石器(석기) : 돌로 만든 여러 가지 기구. 주로 선사시대(先史時代)에 쓰이던 유물을 이름
- 石淸(석청) : 산 속의 나무나 돌 사이에 벌이 모아 둔 꿀. 약재로 쓰임

席	席								
자리 석		席捲				席次			

- 席捲(석권) : (자리를 말아가듯이) 무서운 기세로 세력을 펼치거나 휩쓺
- 席次(석차) : ① 자리의 차례 ② 성적의 순서

先	先								
먼저 선		先考				先驅			

- 先考(선고) : 돌아가신 아버지. 선인(先人). 선친(先親) 빤 先妣(선비) · 先驅(선구) : ① 어떤 사상이나 일에 있어서 앞선 사람 예 先驅者(선구자) ② 말 탄 행렬의 앞장선 사람 비 前驅(전구)

線	線								
줄 선, 실 선		線路				脫線			

- 線路(선로) : 기차, 전차 등이 다니는 길. 철로(鐵路)
- 脫線(탈선) : 기차나 전차 등의 바퀴가 궤도를 벗어남

雪									
눈 설, 씻을 설	雪膚				雪辱				

- 雪膚(설부): 눈같이 흰 피부
- 雪辱(설욕): 부끄러움을 씻음 비 雪恥(설치)

姓									
성씨 성, 겨레 성	姓名				百姓				

- 姓名(성명): 성(姓)과 이름 비 姓銜(성함)
- 百姓(백성): ① 국민의 예스러운 말 ② 문벌이 높지 않은 여느 사람

成									
이룰 성, 이루어질 성	成功				成熟				

- 成功(성공): 목적에 도달함. 목적을 이룸 반 失敗(실패) · 成熟(성숙): ① 발육이 다 됨
  ② 열매가 익음 ③ 새로운 단계에 들어설 수 있는 기회가 무르익음

省									
살필 성, 덜 생	省略				歸省				

- 省略(생략): (한 부분을) 덜어서 줄임. 뺌
- 歸省(귀성): 객지에서 지내다가 고향에 돌아감 예 歸省人波(귀성인파)

世									
세대 세, 세상 세	世孫				世態				

- 世孫(세손): 임금의 맏손자
- 世態(세태): 세상 형편 비 世相(세상)

小

작을 소 | 小心 | | | 小兒

- 小心(소심) : 대담하지 못하고 조심이 너무 많음
- 小兒(소아) : ① 어린 아이 ② 자기 아들을 낮추어 일컫는 말

少

적을 소, 젊을 소 | 年少者 | | | 減少

- 年少者(연소자) : 나이가 젊은 사람 또는 나이가 어린 사람
- 減少(감소) : 줄어서 적어짐 반 增加(증가)

所

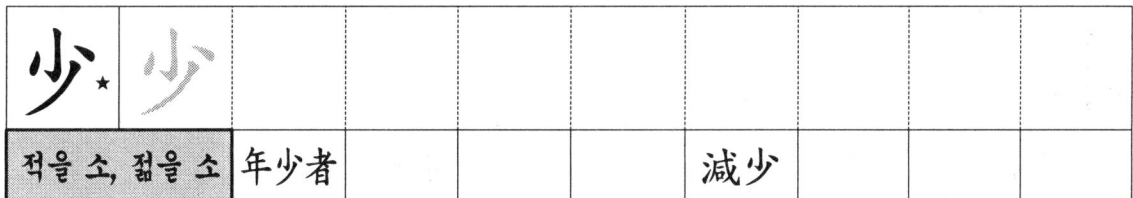

바 소, 곳 소 | 所管 | | | 所屬

- 所管(소관) : 어떤 사무를 맡아 관리함 또는 그 사무
- 所屬(소속) : 어떤 기관이나 조직에 딸림 또는 그 딸린 사람이나 물건

消

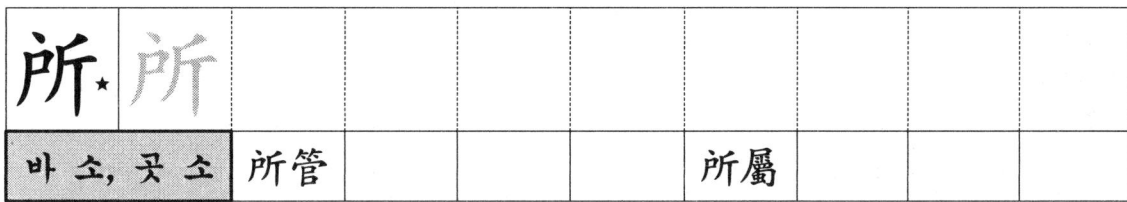

사라질 소 | 消滅 | | | 消費

- 消滅(소멸) : 사라져 없어짐
- 消費(소비) : 돈이나 물건, 시간, 노력 등을 써 없앰 예 消費性向(소비성향)

速

빠를 속 | 速決 | | | 速達

- 速決(속결) : 빨리 끝을 맺음 예 速戰速決(속전속결)
- 速達(속달) : ① 속히 배달함 ② 빨리 닿음

孫	孫						
손자 손	孫子			曾孫			

- 孫子(손자) : ① 아들의 아들, 자손 ② 책명 <예> 子子孫孫(자자손손), 孫子兵法(손자병법)
- 曾孫(증손) : 아들의 손자, 손자의 아들. 증손자(曾孫子)

水	水						
물 수	水魔			水壓			

- 水魔(수마) : 몹시 심한 수재
- 水壓(수압) : 물의 압력

手	手						
손 수	手配			手腕			

- 手配(수배) : ① 범인을 잡으려고 수사망을 펴는 일 ② 부서(部署)를 갈라 맡아 어떤 일을 하게 함 • 手腕(수완) : 일을 꾸미거나 치루어 나가는 재간. 능력

數	數						
셈 수, 자주 삭	數量			數學			

- 數量(수량) : 수효와 분량
- 數學(수학) : 수량 및 도령의 성질이나 관계를 연구하는 학문

樹	樹						
나무 수	樹木			街路樹			

- 樹木(수목) : (살아있는) 나무
- 街路樹(가로수) : 거리의 미관과 주민의 보건을 위해 큰 길의 양 쪽 가에 줄지어 심은 나무

術

꾀 술, 재주 술 | 術策 | | 藝術

- 術策(술책) : 꾀. 특히 남을 속이기 위한 꾀 (비) 術數(술수) · 藝術(예술) : 어떤 일정한 재료와 양식, 기교 등에 의해 미(美)를 창조하고 표현하는 인간의 활동

習

익힐 습 | 習慣 | | 習作

- 習慣(습관) : 버릇, 익혀온 행습(行習)
- 習作(습작) : 익히기 위하여 지은 작품

勝

이길 승, 나을 승 | 勝負 | | 勝訴

- 勝負(승부) : 이김과 짐 (비) 勝敗(승패)
- 勝訴(승소) : 소송(訴訟)에 이김 (비) 勝訴判決(승소판결)

市

저자 시 | 市街 | | 市民

- 市街(시가) : 도시의 큰 길거리
- 市民(시민) : 도시의 주민

時

때 시 | 時局 | | 時急

- 時局(시국) : 당면한 국내 및 국제적 정세. 현재의 세상 형편
- 時急(시급) : 때가 절박하여 몹시 급함

始

| 비롯할 시, 처음 시 | 始祖 | | 始終 | |

- 始祖(시조) : 한 족속(族屬)의 맨처음 되는 조상
- 始終(시종) : ① 처음과 끝 ② 줄곧, 항상   예) 始終一貫(시종일관)

食

| 밥 식, 밥 사 | 食祿 | | 食傷 | |

- 食祿(식록) : 벼슬아치에게 주는 봉급
- 食傷(식상) : 과식이나 나쁜 음식을 먹어서 일어나는 배앓이

植

| 심을 식 | 植物 | | 植樹 | |

- 植物(식물) : 초목(草木)의 총칭   반) 動物(동물)
- 植樹(식수) : 나무를 심음. 심은 나무   비) 植木(식목)

式

| 법식, 예식 식 | 式場 | | 格式 | |

- 式場(식장) : 예식(禮式)을 거행하는 곳
- 格式(격식) : 격에 어울리는 일정한 법식

信

| 믿을 신 | 信念 | | 信賴 | |

- 信念(신념) : 굳게 믿는 마음
- 信賴(신뢰) : 믿고 의뢰함   예) 信賴度(신뢰도)

身

| 몸 신 | 身病 | | 身元 | |

- 身病(신병) : 몸에 생긴 병
- 身元(신원) : 출생, 신분, 성행(性行) 따위의 일체. 곧 일신상의 관계

新

| 새 신, 새롭게할 신 | 新刊 | | 新記錄 | |

- 新刊(신간) : 책을 새로 간행함 또는 그 책　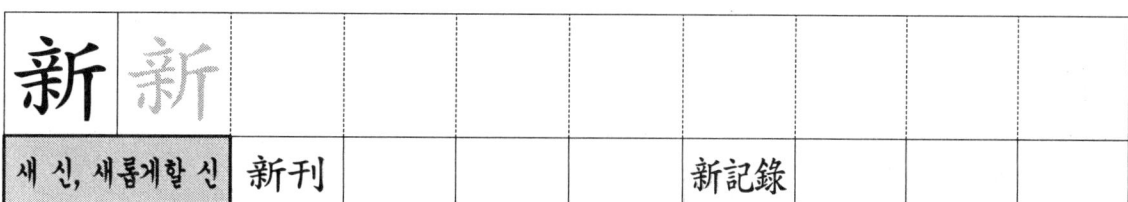新刊書籍(신간서적)
- 新記錄(신기록) : 종래에 없던 새로운 기록　예 新記錄樹立(신기록수립)

神

| 귀신 신, 정신 신 | 神秘 | | 神話 | |

- 神秘(신비) : (이론과 인식을 초월하여)불가사의하고 영묘한 비밀
- 神話(신화) : 신을 중심으로 한 역사가 있기 이전의 전설　예 神話創造(신화창조)

室

| 방 실, 집 실 | 居室 | | 事務室 | |

- 居室(거실) : ① 거처하는 방　② 서양식 집에서 가족이 모여 생활하는 공간
- 事務室(사무실) : 사무를 보는 방

失

| 잃을 실, 허물 실 | 失格 | | 失機 | |

- 失格(실격) : 자격을 잃음
- 失機(실기) : 기회를 놓침

心 / 心

마음 심 | 心腹 | | 都心

- 心腹(심복) : ① 가슴과 배 ② 속마음. 진심 ③ 매우 친절한 사람. 썩 가까워 마음놓고 믿을 수 있는 부하 · 都心(도심) : 도시의 중심부

十 / 十

열 십 | 十誡命 | | 十進法

- 十誡命(십계명) : 예수교에서 모세가 하느님으로부터 받은 10개조의 계시 · 十進法(십진법) : 어떤 단위의 수가, 열이 모일 때마다 그 위의 새로운 단위의 이름을 붙여 세는 법

安 / 安

편안할 안 | 安樂 | | 安住

- 安樂(안락) : 마음과 기운이 편안하고 즐거움
- 安住(안주) : 자리잡고 편안히 삶

愛 / 愛

사랑할 애, 아낄 애 | 愛唱 | | 愛慕

- 愛唱(애창) : 노래를 즐기어 부름 예) 愛唱曲(애창곡)
- 愛慕(애모) : 사랑하여 그리워함

野 / 野

들 야 | 野黨 | | 野望

- 野黨(야당) : 정당정치에서 정권을 담당하고 있지 아니한 정당 반) 與黨(여당)
- 野望(야망) : 그 사람의 처지나 능력 등으로 보아서 좀처럼 이룰 수 없을 만큼의 큰 희망

夜

밤 야 | 夜勤 | | | | 晝夜

- 夜勤(야근) : 밤에 근무함 예) 夜勤手當(야근수당)
- 晝夜(주야) : 밤낮 예) 晝夜長川(주야장천)

弱

약할 약 | 弱點 | | | | 衰弱

- 弱點(약점) : 부족하거나 불완전한 점 비) 虛點(허점) 반) 强點(강점)
- 衰弱(쇠약) : 쇠퇴하여 약함

藥

약 약 | 일) 薬 藥局 | | | 藥酒

- 藥局(약국) : 약사가 의약품을 조제하여 파는 가게
- 藥酒(약주) : '술'을 점잖게 이르는 말 예) 藥酒床(약주상)

洋

큰바다 양, 서양 양 | 洋擾 | | | | 洋裝

- 洋擾(양요) : 서양사람 때문에 일어난 난리 예) 丙寅洋擾(병인양요)
- 洋裝(양장) : 여자가 옷을 서양식으로 차려입음 예) 洋裝店(양장점)

陽

따뜻할 양, 볕 양 | 陽刻 | | | | 陽曆

- 陽刻(양각) : 글자나 그림 등을 도드라지게 새김. 돌을 새김 반) 陰刻(음각)
- 陽曆(양력) : 태양력(太陽曆)의 준말 반) 陰曆(음력)

語	語								
말씀 어		語調				語源			

- 語調(어조) : 말의 가락. 말하는 투 예) 語助辭(어조사)
- 語源(어원) : 낱말이 생겨난 역사적 근원

言	言								
말씀 언		言及				言約			

- 言及(언급) : 하는 말이 그곳까지 미침
- 言約(언약) : 말로 약속(約束)함 예) 言約式(언약식)

業	業								
일 업, 직업 업		業務				業績			

- 業務(업무) : (날마다 계속해서 하는) 공무나 사업 등에 관한 일 예) 業務管理(업무관리)
- 業績(업적) : (어떤 사업이나 연구 등에서) 이룩해 놓은 성과

然	然								
그러할 연, 불탈 연		漠然				偶然			

- 漠然(막연) : ① 아득함 ② 똑똑하지 못하고 어렴풋함
- 偶然(우연) : 뜻밖에 저절로 됨 또는 그 일 반) 必然(필연)

英	英								
꽃부리 영, 빼어날 영		英雄				英才			

- 英雄(영웅) : 재능과 담력이 탁월한 인물 예) 英雄豪傑(영웅호걸)
- 英才(영재) : 뛰어난 재능이나 지능 또는 그런 능력을 가진 사람

永	永							
길 영, 오랠 영	永劫				永久			

- 永劫(영겁) : (불교에서) 지극히 긴 세월. 영원한 세월　(반) 刹那(찰나)
- 永久(영구) : 길고 오램. 세월이 한없이 계속됨　(비) 永遠(영원), 恒久(항구)

五	五							
다섯 오	五穀				五行			

- 五穀(오곡) : 다섯 가지 곡식. 벼, 보리, 콩, 조, 기장　(예) 五穀白果(오곡백과)
- 五行(오행) : 우주간에 쉬지 않고 운행하는 다섯 원소. 금(金), 목(木), 수(水), 화(火), 토(土)

午	午							
낮 오	午時				午前			

- 午時(오시) : 오전 열한시부터 오후 한시까지의 시간. 낮
- 午前(오전) : 정오(正午) 이전　(반) 午後(오후)

溫	溫							(속) 温
따뜻할 온, 익힐 온	溫度				溫情			

- 溫度(온도) : 덥고 추운 정도. 온도계(溫度計)에 나타나는 도수
- 溫情(온정) : 따뜻한 마음. 깊은 인정

王	王							
임금 왕	王陵				王后			

- 王陵(왕릉) : 왕의 능
- 王后(왕후) : ① 제왕(帝王)의 아내　② 황후(皇后), 왕비(王妃)

外 / 外

바깥 외 | 外交 | | | 外信

- 外交(외교) : ① 외국과의 교제. 교섭(交涉) ② 모든 교제
- 外信(외신) : 외국으로부터 온 소식이나 그 소식의 보도 예) 外信記者(외신기자)

勇 / 勇

날랠 용, 용감할 용 | 勇敢 | | | 勇斷

- 勇敢(용감) : 씩씩하고 과단성이 있음 반) 卑怯(비겁)
- 勇斷(용단) : 용기있게 결단함 또는 그 결단

用 / 用

쓸 용 | 用度 | | | 用意

- 用度(용도) : 필요한 비용
- 用意(용의) : 마음가짐. 조심. 준비 예) 用意周到(용의주도)

右 / 右

오른 우 | 右翼 | | | 左右

- 右翼(우익) : ① 오른쪽 날개 ② 보수적이고 점진적인 당파 반) 左翼(좌익)
- 左右(좌우) : ① 왼쪽과 오른쪽 ② 곁 또는 옆

運 / 運

돌 운, 움직일 운 | 運命 | | | 運轉

- 運命(운명) : 인간을 지배하는 필연적이고 초월적인 힘. 타고난 운수나 수명
- 運轉(운전) : 기계나 자동차 등을 움직여 부리는 일

園	園							
동산 원	園藝				公園			

- 園藝(원예) : 채소나 화훼, 과수 등을 심어 가꾸는 일 또는 그 기술
- 公園(공원) : 공중의 휴식과 위락, 보건 등을 위한 시설이 되어 있는 큰 정원이나 지역

遠	遠							
멀 원	遠近				遠征			

- 遠近(원근) : 멀고 가까움 또는 먼곳과 가까운 곳
- 遠征(원정) : ① 멀리 적을 치러감 ② 먼곳으로 경기나 조사, 답사 등을 하러 감

月	月							
달 월	月給				月次			

- 月給(월급) : 다달이 받는 봉급(俸給), 급료(給料)
- 月次(월차) : ① 달의 하늘에 있는 위치 ② 매월(每月)

有	有							
있을 유	有望				有效			

- 有望(유망) : 앞으로 잘 될 듯함. 희망(希望)이 있음
- 有效(유효) : 보람이나 효과가 있음   예 有效期間(유효기간)

由	由							
말미암을 유	由緖				由緣			

- 由緖(유서) : 내력(來歷). 유래(由來)
- 由緣(유연) : ① 내력과 유래 ② 인연(因緣)

油

기름 유 | 油脂 | 油田

- 油脂(유지) : 동·식물에서 얻는 기름
- 油田(유전) : 석유가 나는 곳. 석유가 땅 속에 묻혀있는 지역

育

기를 육 | 育兒 | 育英

- 育兒(육아) : 어린아이를 기름 예) 育兒日記(육아일기)
- 育英(육영) : 인재를 가르쳐 기름. 곧 '교육'을 달리 이르는 말 예) 育英財團(육영재단)

銀

은 은, 돈 은 | 銀粧刀 | 銀行

- 銀粧刀(은장도) : 노리개로 차던 은으로 만든 칼
- 銀行(은행) : 일반인의 예금을 맡고 다른 곳에 대부하는 일을 하는 금융기관

音

소리 음 | 音譜 | 音樂

- 音譜(음보) : 음악 연주에 필요한 곡보(曲譜)
- 音樂(음악) : 음향을 아름다운 형식으로 조화시켜 미감을 일으키는 예술의 한 형태

飮

마실 음 | 飮料 | 飮料水

- 飮料(음료) : 마시는 것의 총칭
- 飮料水(음료수) : 먹는 물

邑	邑							
고을 읍		邑里				邑長		

- 邑里(읍리) : 읍과 촌락
- 邑長(읍장) : 읍의 우두머리

意	意							
뜻 의		意見				意氣		

- 意見(의견) : 마음에 느낀 바 생각
- 意氣揚揚(의기양양) : 득의(得意)한 마음이 얼굴에 나타나는 모양

醫	醫							
의원 의, 병고칠 의		醫科				醫療		

- 醫科(의과) : 의학(醫學)을 연구함. 대학의 한 분과
- 醫療(의료) : 의술로 병을 고침

衣	衣							
옷 의		衣服				衣食住		

- 衣服(의복) : 옷. 의상 비) 衣裳(의상)
- 衣食住(의식주) : 사람이 살아가는 데 필요한 의복과 음식, 주택. 곧 인간생활의 기본조건

二	二							
두 이		二分				二重		

- 二分(이분) : 둘로 나눔 예) 二分法(이분법)
- 二重(이중) : 두겹, 겹침 예) 二重過歲(이중과세), 二重人格(이중인격)

人	人							
사람 인	人間				人相			

- 人間(인간) : 사람. 세상 예 人間界(인간계)
- 人相(인상) : ① 사람의 품격 ② 도덕적 행위의 주체가 되는 개인

一	一							
한 일	一擧				一貫			

- 一擧(일거) : 한번 행함 예 一擧手一投足(일거수일투족), 一擧兩得(일거양득)
- 一貫(일관) : ① 한 이치(理致)로 처음부터 끝을 꿰뚫음 ② 시종 변하지 않는 것

日	日							
해 일	日課				日程			

- 日課(일과) : 날마다 하는 일이나 과정 예 日課表(일과표)
- 日程(일정) : 그 날의 할 일이나 일의 분량

入	入							
들 입	入門				入選			

- 入門(입문) : ① 문하생이 됨 ② 초보자가 공부하기 쉽도록 만든 책 예 入門書(입문서)
- 入選(입선) : 당선(當選)됨

自	自							
스스로 자, 몸자	自己				自由			

- 自己(자기) : 제 몸. 자아(自我). 자기자신
- 自由(자유) : 마음 내키는 대로 함 예 自由席(자유석)

子	子							
아들 자	子細				子息			

- 子細(자세) : 상세함
- 子息(자식) : 아들 또는 아들과 딸의 총칭   예 無子息(무자식)   비 子弟(자제)

字	字							
글자 자	字牧				字解			

- 字牧(자목) : 고을 원(員)이 백성을 사랑으로 다스림
- 字解(자해) : 글자의 풀이. 특히 한자의 풀이

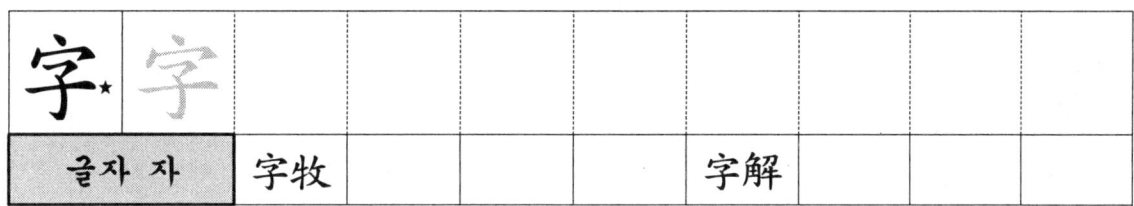

사람 자, 놈 자	王者				筆者			

- 王者(왕자) : ① 임금 ② 왕도로써 천하를 다스리는 사람 ③ 으뜸가는 것
- 筆者(필자) : 글을 쓸 사람이나 쓴 사람

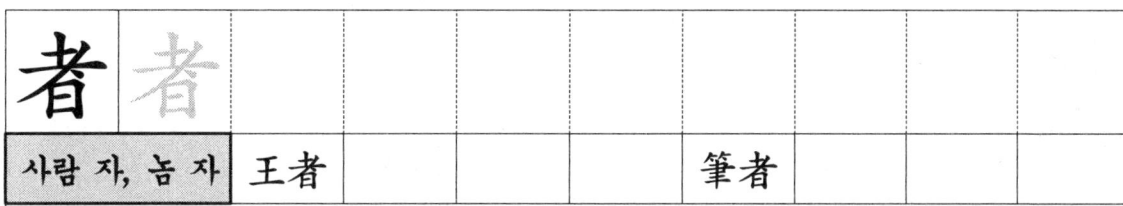

어제 작	昨今				昨日			

- 昨今(작금) : 어제 오늘, 요즈음
- 昨日(작일) : 어제   비 來日(내일)

作	作							
지을 작	作家				作業			

- 作家(작가) : 문학작품을 창작하는 일에 종사하는 사람. 특히 '소설가'를 일컬음
- 作業(작업) : 일정한 목적 아래 하는 노동이나 일

長 길 장, 어른 장

長幼　　　　　　　長點

- 長幼(장유) : ① 어른과 아이　② 손위와 손아래　예) 長幼有序(장유유서)
- 長點(장점) : ① 좋은 점. 더 뛰어난 점　② 특히 잘하는 점　반) 短點(단점)

場 마당 장

場所　　　　　　　登場

- 場所(장소) : 처소, 자리, 곳
- 登場(등장) : ① 무대나 장면에 나옴　② 무슨 일에 어떤 인물이 나타남

章 글 장

章程　　　　　　　印章

- 章程(장정) : 규칙, 법률
- 印章(인장) : ① 도장　② 찍어 놓은 인장의 형식. 인발

才 재주 재

才德　　　　　　　才士

- 才德(재덕) : 재주와 덕행　예) 才德兼備(재덕겸비)
- 才士(재사) : 재주가 많은 남자

在 있을 재

在京　　　　　　　所在

- 在京(재경) : 서울에 머물러 있음
- 所在(소재) : 있는 곳

電	電							
번개 전, 전기 전	電擊				電文			

- 電擊(전격) : 번개처럼 갑자기 공격함
- 電文(전문) : 전보의 문구

全	全							
온전할 전, 모두 전	全部				完全			

- 全部(전부) : 모두 다
- 完全(완전) : 모자람이 없음. 흠이 없음 예) 完全無缺(완전무결)

前	前							
앞 전, 앞설 전	前後							

- 前後(전후) : ① 앞 뒤 ② 먼저와 나중 ③ 일정한 수, 수량의 안팎
- 발전 前代未聞(전대미문) : 지금까지 들어본 적이 없는 새로운 일을 이르는 말

戰	戰							
싸울 전	戰慄				戰爭			

- 戰慄(전율) : 두려워서 벌벌 떪
- 戰爭(전쟁) : 나라간의 싸움

正	正							
바를 정	正常				正員			

- 正常(정상) : 바르고 떳떳함
- 正員(정원) : 자격이 있는 회원이나 사람 예) 正會員(정회원)

庭							
뜰 정	庭園			親庭			

- 庭園(정원) : 집 안의 뜰과 꽃밭
- 親庭(친정) : 시집간 여자의 본 집

定							
정할 정	定價			定義			

- 定價(정가) : ① 값을 매김 ② 매겨 놓은 값
- 定義(정의) : 한 사물에 대한 의미를 밝혀 놓아 개념을 명확하게 한정하는 일이나 그 설명

弟							
아우 제	弟嫂			師弟			

- 弟嫂(제수) : 아우의 아내
- 師弟(사제) : 스승과 제자

第							
차례 제	及第			鄕第			

- 及第(급제) : ① 과거(科擧)에 합격됨. 등제(登第) ② 시험에 합격됨 ⑪ 落第(낙제)
- 鄕第(향제) : 고향에 있는 집. 시골집

題							
제목 제, 물을 제	題字			題品			

- 題字(제자) : 책머리나 비석, 족자 같은데 쓴 글자. 제서(題書)
- 題品(제품) : 어느 사물을 문예적 표현으로 그 가치를 평하는 일

祖	祖								
할아버지 조, 조상 조	祖父			開祖					

- 祖父(조부) : 할아버지
- 開祖(개조) : 무슨 일을 처음으로 시작하여 그 일파의 원조가 된 사람

朝	朝								
아침 조	朝夕			朝廷					

- 朝夕(조석) : 아침과 저녁
- 朝廷(조정) : 나라의 정치를 의논, 집행하던 곳

足	足								
발 족	足赤			足指					

- 足赤(족적) : ① 발자국 ② 걸어온 자취
- 足指(족지) : 발가락

族	族								
겨레 족	族譜			民族					

- 族譜(족보) : ① 한 집안의 계통과 혈통의 관계를 적어놓은 책 ② 한 족속의 세계를 적은 책
- 民族(민족) : 인종적·지역적 기원이 같고 문화적 정통과 역사적 운명을 같이 하는 사람들의 집단

左	左								
왼 좌	左言			左右					

- 左言(좌언) : 사리에 어긋나는 말
- 左右(좌우) : ① 왼쪽과 오른쪽 ② 곁, 옆, 측근(側近)

主 主								
주인 주	主觀				主張			

- 主觀(주관) : 대상을 인식하고 사고하는 주체(主體) ⑪ 客觀(객관)
- 主張(주장) : 굳게 내세우는 의견 ⑪ 主宰(주재)

住 住								
살 주	住居				住宅			

- 住居(주거) : ① 일정한 곳에 자리를 잡고 삶. 거주 ② 사람이 사는 집
- 住宅(주택) : 사람이 들어 사는 집

注 注								
물댈 주	注視				注解			

- 注視(주시) : 어떤 대상을 관심이나 시선을 집중하여 봄
- 注解(주해) : 본문의 뜻을 주를 달아 풀이함. 또는 그 글. 주석(注釋)

晝 晝								
낮 주	晝夜				晝食			

- 晝夜(주야) : 밤과 낮. 밤낮
- 晝食(주식) : 낮에 먹는 밥. 점심

中 中								
가운데 중	中毒				中斷			

- 中毒(중독) : 음식이나 약 같은 것의 독성에 치어서 기능성 장애를 일으키는 일
- 中斷(중단) : 중간에 끊어짐 ⑪ 中絶(중절)

重	重						
무거울 중	重量			重要			

- 重量(중량) : 무게
- 重要(중요) : 매우 귀중하고 중요함

紙	紙						
종이 지	紙匣			紙面			

- 紙匣(지갑) : ① 종이로 만든 갑 ② 가죽, 헝겊 등으로 만든 돈을 넣는 물건
- 紙面(지면) : ① 종이의 표면 ② 글이 실린 종이의 겉면. 지상(紙上) ③ 편지

地	地						
땅 지	地位			地點			

- 地位(지위) : ① 처지, 위치 ② 신분
- 地點(지점) : 일정한 지역 안에서의 구체적인 어떤 곳

直	直						
곧을 직	直言			直接			

- 直言(직언) : 자기가 믿는 대로 기탄 없이 말함. 곧이곧대로 말함
- 直接(직접) : 중간에 다른 것을 거치지 않고 바로 ⑪ 間接(간접)

集	集						
모일 집	集大成			集中			

- 集大成(집대성) : 많은 훌륭한 것을 모아서 하나의 완전한 것으로 만들어 내는 일
- 集中(집중) : 한 곳에 모임

窓								
창문 창	同窓			東窓				

- 同窓(동창) : ① 같은 학교에서 공부함 또는 그 사람 비 同門(동문) ② 한 학교에서 동기(同期)로 졸업한 사람 예 同窓生(동창생) • 東窓(동창) : 동쪽으로 난 창 비 西窓(서창)

川								
내 천	川谷			川川				

- 川谷(천곡) : 내와 골짜기
- 川川(천천) : 느린 모양. 더딘 모양

千								
일천 천	千差萬別			千秋				

- 千差萬別(천차만별) : 여러 가지 물건이 각각 차이(差異)와 구별이 있음
- 千秋(천추) : 천년(千年)의 긴 세월

天								
하늘 천	天氣			天然				

- 天氣(천기) : 하늘의 기상(氣象)과 날씨 비 日氣(일기)
- 天然(천연) : 자연 그대로의 상태 예 天然物(천연물), 天然色(천연색)

靑								
푸를 청	靑雲			丹靑				

- 靑雲(청운) : ① 푸른 구름 ② 높은 이상이나 벼슬 • 丹靑(단청) : ① 붉은 빛과 푸른 빛 ② 채색(彩色) ③ 집의 벽, 기둥, 천장 같은 데에 여러 가지 빛깔로 그림이나 무늬를 그림

淸					
맑을 청	淸潔			淸廉	

- 淸潔(청결) : 깨끗하여 더러움이 없음
- 淸廉(청렴) : 마음이 청백하고 재물을 탐내지 않음 예) 淸廉潔白(청렴결백)

體					
몸 체	體格			體系	

- 體格(체격) : 몸의 생김새
- 體系(체계) : 일정한 원리에 따라서 계통을 세운 지식을 통일하는 전체

草					
풀 초	草芥			草案	

- 草芥(초개) : 풀과 먼지, 곧 아무 소용이 없거나 하찮은 것을 비유하는 말
- 草案(초안) : ① 안건(案件)을 기초(起草)함 ② 문장이나 시 따위를 초잡음

寸					
마디 촌	寸劇			寸志	

- 寸劇(촌극) : 아주 짧은 연극
- 寸志(촌지) : 약속한 뜻이라는 말로, 자기 증정물의 경칭

村					
마을 촌	村落			農村	

- 村落(촌락) : 시골 부락 반) 都市(도시)
- 農村(농촌) : 농업생산을 전통적인 생업으로 삼아 온 지역이나 마을

秋	秋								
가을 추	秋霜				秋收				

- 秋霜(추상): ① 가을의 찬 서리 ② 서슬이 퍼런 위험이나 엄한 형벌의 비유
- 秋收(추수): 가을에 익은 곡식을 거둬들이는 일. 가을걷이

春	春								
봄 춘	春耕				春夢				

- 春耕(춘경): 봄에 하는 논밭 갈기   • 春夢(춘몽): ① 봄밤에 꾸는 꿈 ② 헛된 꿈, 덧없는 꿈, 인생의 허무함을 일컫는 말   예 一場春夢(일장춘몽)

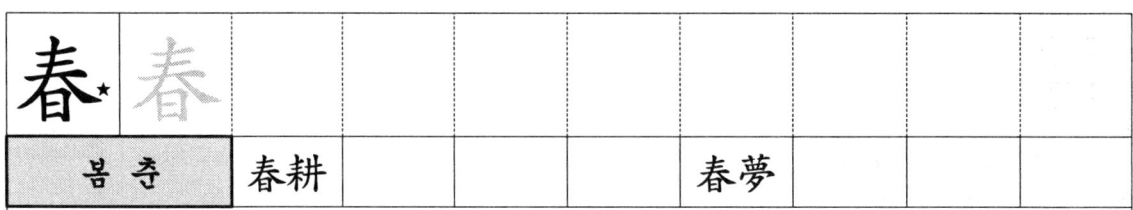

날 출	出勤				出場				

- 出勤(출근): 근무하는 곳에 나감   반 退勤(퇴근)
- 出場(출장): 경기에 나감

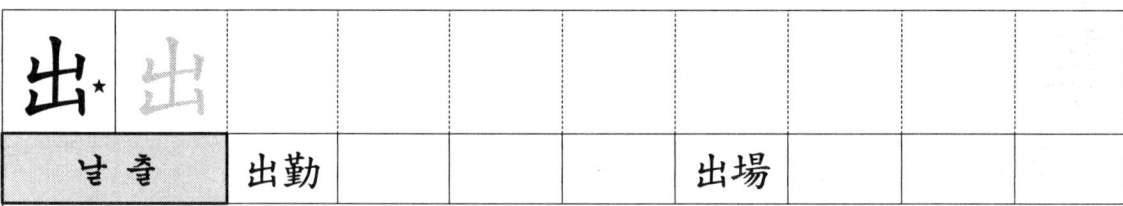

어버이 친, 친할 친	親近				親知				

- 親近(친근): 정분이 친하고 가까움
- 親知(친지): 친하게 하는 사람   비 親友(친우)

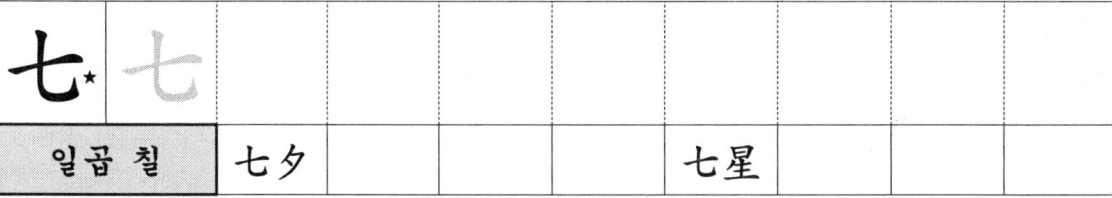

일곱 칠	七夕				七星				

- 七夕(칠석): 음력 7월 초이렛날   예 七月七夕(칠월칠석)
- 七星(칠성): 북두칠성(北斗七星)

太	太						
콩 태, 클 태	太甚			太初			

- 太甚(태심) : 매우 심함
- 太初(태초) : 우주의 맨 처음. 천지가 개벽한 처음 비) 太始(태시)

土	土						
흙 토	土砂			土産			

- 土砂(토사) : 모래   예) 土砂物(토사물)
- 土産(토산) : 그 토지의 산물. 선물을 뜻하기도 함

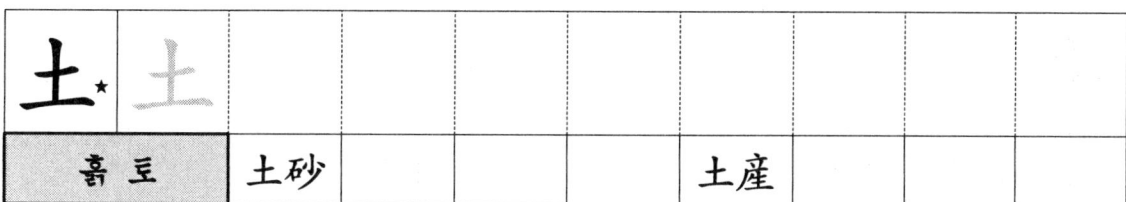

| 통할 통 | 通過 | | | 通知 | | | |

- 通過(통과) : ① 통하여 지나감 ② 관청에 제출한 원서가 허가됨 ③ 의회 등에 제안한 의안이 가결됨   • 通知(통지) : 기별하여 알림

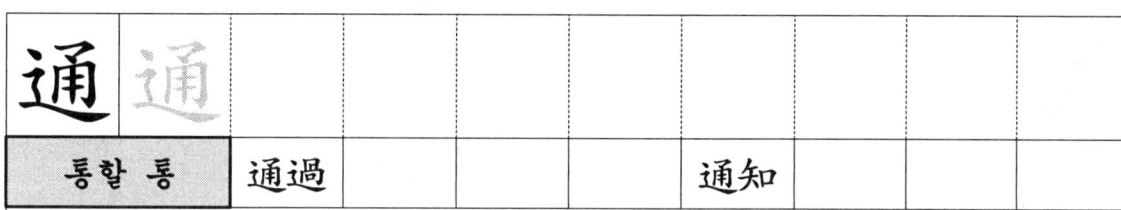

| 특히 특 | 特別 | | | 特有 | | | |

- 特別(특별) : ① 보통과 다름 ② 보통보다 훨씬 뛰어남 반) 普通(보통)
- 特有(특유) : 그것만이 홀로 가지고 있음 반) 通有(통유)

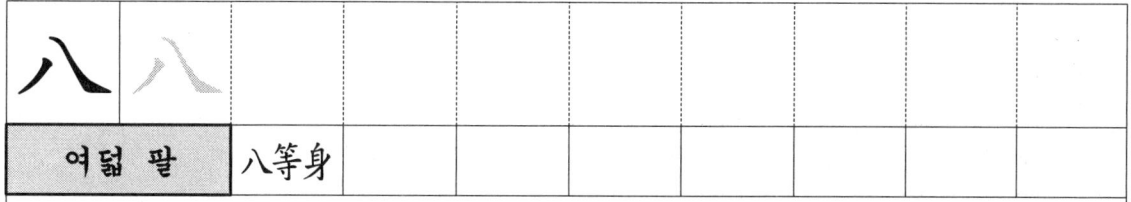

| 여덟 팔 | 八等身 | | | | | | |

- 八等身(팔등신) : 몸의 균형이 잘 맞는 몸매를 가르킴. 미인의 조건이기도 함

便								
편할 편, 오줌 변	便利				便紙			

- 便利(편리) : 편하고 이로우며 이용하기 쉬움
- 便紙(편지) : 상대자에게 알리고자 하는 내용을 써서 보내는 글

平								
평평할 평	平交				平亂			

- 平交(평교) : 나이가 비슷한 벗 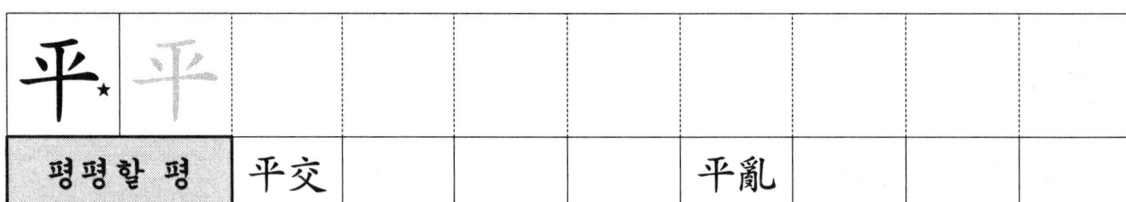 平交間(평교간)
- 平亂(평란) : 난리를 평정함

表								
겉 표	表裏				表面			

- 表裏(표리) : ① 겉과 속. 표면과 내심 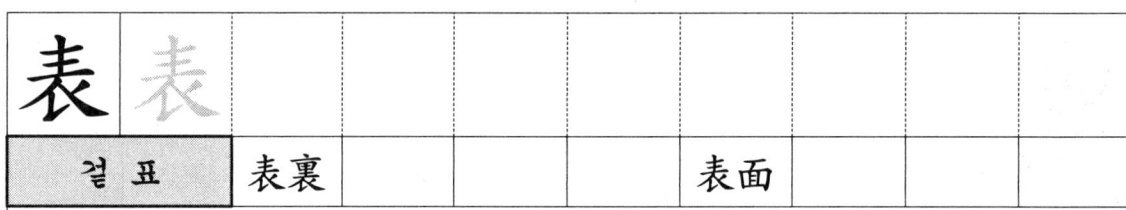 表裏不同(표리부동) ② 앞과 뒤
- 表面(표면) : 바깥 면, 겉모양

風								
바람 풍	風格				風霜			

- 風格(풍격) : ① 사람됨. 인품. 고상한 인품 ② 미술품 등의 멋
- 風霜(풍상) : ① 바람과 서리 ② 세월 ③ 세상에서 겪은 고난

下								
아래 하	下降				下等			

- 下降(하강) : 아래로 내려옴 (반) 上昇(상승)
- 下等(하등) : ① 나쁜 물품 ② 낮은 등급 (반) 下級(하급) 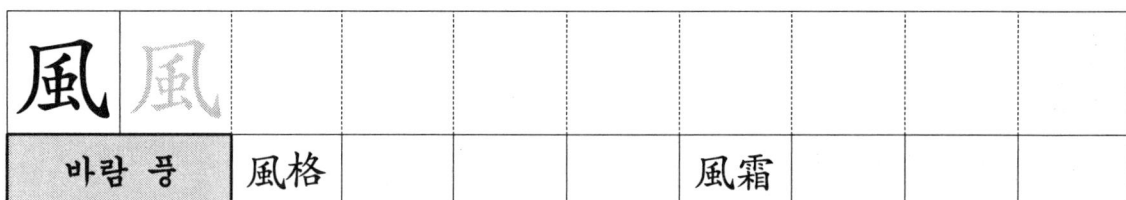 下等動物(하등동물)

夏	夏								
여름 하	夏穀			夏季					

- 夏穀(하곡): 보리나 밀 따위와 같이 여름에 거두는 곡식
- 夏季(하계): 여름

學	學								
배울 학	學說			學者					

- 學說(학설): 학문상 주장하는 이론
- 學者(학자): 학문에 통달하거나 학문을 연구하는 사람

韓	韓								
나라이름 한, 성 한	韓國			韓人					

- 韓國(한국): 우리나라 대한민국
- 韓人(한인): 한국 사람

漢	漢								
나라 한	漢醫			漢字					

- 漢醫(한의): 한방(漢方) 의원(醫員)
- 漢字(한자): 중국 고유의 문자

合	合								
합할 합,	合同			合理					

- 合同(합동): 여럿이 모여 하나가 되어 함께함
- 合理(합리): 이론이나 이치, 실제의 형편 등에 맞음   예 合理化(합리화)

海								
바다 해	海流			海洋				

- 海流(해류) : 일정한 방향으로 흐르는 바닷물
- 海洋(해양) : 넓은 바다. 대양(大洋)

幸								
다행 행	幸福			僥幸				

- 幸福(행복) : ① 좋은 운수 ② 만족감을 느끼는 정신상태
- 僥幸(요행) : 우연히 잘 되어 다행함

行								
갈 행, 항렬 항	行狀			洋行				

- 行狀(행장) : ① 몸가짐 ② 사람이 죽은 뒤에 그 평생에 한 일을 적은 글
- 洋行(양행) : ① 중국에서의 외국인 상점 ② 서양식 상점 ③ 서양으로 감

向								
향할 향	向時			向前				

- 向時(향시) : 저번 때, 지난 번
- 向前(향전) : 얼마 전

現								
나타날 현, 지금 현	現在			實現				

- 現在(현재) : ① 이제, 지금 ② 이 세상 반 過去(과거), 未來(미래)
- 實現(실현) : 실지로 나타남. 실지로 나타냄

兄	兄								
맏 형, 형 형		兄弟				兄嫂			

- 兄弟(형제) : ① 형과 아우 ② 아우를 이르는 말로 많이 쓰임 예) 兄弟姉妹(형제자매)
- 兄嫂(형수) : 형의 아내

形	形								
형상 형		形象				形體			

- 形象(형상) : 생긴 모양
- 形體(형체) : 물건의 모양과 그 바탕인 몸

號	號								
부를 호, 이름 호		號哭				號令			

- 號哭(호곡) : 목놓아 소리내어 욺 비) 號泣(호읍)
- 號令(호령) : ① 지휘하는 명령 ② 큰 소리로 꾸짖음

火	火								
불 화		火病				火災			

- 火病(화병) : 울화병을 이름 비) 火症(화증)
- 火災(화재) : 불이 나는 재앙. 불로 인한 재난 비) 火難(화난)

話	話								
말할 화, 말씀 화		話術				話題			

- 話術(화술) : 말의 재주. 말하는 기교
- 話題(화제) : ① 이야깃거리. 이야기 ② 이야기의 제목

花							
꽃 화	花園			花燭			

- 花園(화원) : 꽃동산
- 花燭(화촉) : ① 아름다운 양초 ② 혼인을 이르는 말 비) 華燭(화촉)

和							
화할 화, 화목할 화	和睦			和解			

- 和睦(화목) : 서로 뜻이 맞고 정다움. 화락하고 친목함
- 和解(화해) : 다툼질을 서로 그치고 풂

畫							속) 画
그림 화, 그을 획	畫家			畫一			

- 畫家(화가) : 그림을 그리는 것을 전문으로 하는 사람
- 畫一(획일) : ① 사물이 똑같이 고른 것 ② 한결같이 변함이 없음

活							
살 활, 살림 활	活氣			活動			

- 活氣(활기) : 활발한 기운이나 활동적인 원기
- 活動(활동) : 어떤 일을 하려고 기운있게 몸을 움직여 동작을 함

黃							
누를 황	黃塵			黃泉			

- 黃塵(황진) : ① 누른 흙 먼지 예) 黃塵萬丈(황진만장) ② 속세의 번잡한 일
- 黃泉(황천) : ① 지하. 땅속 ② 저승

會								
모일 회	會計				會心			

- 會計(회계) : 한데 몰아서 셈함
- 會心(회심) : 마음에 맞음. 심기(心氣)에 들어맞음 예) 會心作(회심작)

孝								
효도 효	孝道				孝廬			

- 孝道(효도) : 부모를 잘 섬기는 도리
- 孝廬(효려) : 상제가 거처하는 곳

後								
뒤 후	後援				後進			

- 後援(후원) : 뒤에서 도와줌
- 後進(후진) : ① 후배 ② 뒤늦게 나감

訓								
가르칠 훈	訓戒				訓練			

- 訓戒(훈계) : 타일러 경계함
- 訓練(훈련) : 일정한 목표 또는 기준에 이르기 위해 실천하는 실제적 활동

休								
쉴 휴	休德				休暇			

- 休德(휴덕) : 미덕(美德)
- 休暇(휴가) : 일을 잠시 쉬고 휴식을 취함

잘못쓰기쉬운한자어

佳 아름다울 가	佳人(가인)	住	살 주	甲 첫째천간 갑	甲乙(갑을)	申	펼 신
		往	갈 왕			由	말미암을 유
		住宅	往來			申告	理由

建 세울 건	建築(건축)	健 건강할 건	犬 개 견	猛犬(맹견)	大	큰 대
					丈	어른 장
		健康			大將	方丈

決 결단할 결	決定(결정)	快 쾌할 쾌	競 다툴 경	競爭(경쟁)	兢	삼갈 긍
		豪快			兢戒	

計 셈할 계	計算(계산)	訃 부름 부	季 철 계	季節(계절)	李	자두 리, 오얏 리
					秀	빼어날 수
		訃音			行李	優秀

苦 괴로울 고	苦難(고난)	若 만약 약	困 곤할 곤	疲困(피곤)	囚	가둘 수
					因	인할 인
		萬若			囚人	因緣

攻 칠 공	攻擊(공격)	切	끊을 절	科 과정 과	科目(과목)	料	헤아릴 료
		巧	공교로울 교				
		切斷	技巧			料量	

難 어려울 난	困難(곤난)	離 떠날 리	短 짧을 단	短劍(단검)	矩	법 구
		離別			矩步	

代 대신할 대	代用(대용)	伐 칠 벌	待 기다릴 대	期待(기대)	侍	모실 시
		討伐			侍女	

都 도읍 도	首都(수도)	部 나눌 부	徒 걸아다닐 도	徒步(도보)	徙	옮길 사
		部分			移徙	

憐	憐		隣	이웃 린	領	領		頒	나눌 반
가련할 련	憐憫(연민)			隣近	거느릴 령	首領(수령)		頌	칭송할 송
								頒布	頌歌

理	理		埋	묻을 매	漠	漠		模	법 모
다스릴 리	倫理(윤리)			埋葬	사막 막	沙漠(사막)			模範

幕	幕		墓	무덤 묘	末	末		未	아닐 미
			暮	저물 모				昧	어두울 매
장막 막	天幕(천막)		墓地	日暮	끝 말	末路(말로)		未來	三昧

母	母		母	말 무	飯	飯		飲	마실 음
			貫	꿸 관					
어미 모	母情(모정)		母論	貫句	밥 반	白飯(백반)		飲料	

番	番		審	살필 심	罰	罰		罪	죄 죄
차례 번	番號(번호)			審査	벌줄 벌	罰金(벌금)		犯罪	

普	普		晋	나라 진	貧	貧		貪	탐할 탐
넓을 보	普通(보통)			晋州	가난할 빈	貧弱(빈약)		貪慾	

奉	奉		奏	아뢸 주	氷	氷		永	길 영
받들 봉	奉養(봉양)			演奏	얼음 빙	解氷(해빙)		永久	

士	士		土	흙 토	仕	仕		任	맡길 임
			壬	아홉째천간 임				仟	일천 천
선비 사	紳士(신사)		土地	壬人	벼슬 사	奉仕(봉사)		任務	仟佰

使	使		便	편할 편	師	師		帥	장수 수
부릴 사	使用(사용)			簡便	스승 사	恩師(은사)		將帥	

思	思		惠	은혜 혜	社	社		祀	제사 사
생각할 사	思想(사상)			恩惠	모일 사	會社(회사)		祭祀	

査	査	杳	아득할 묘	雪	雪	雲	구름 운
조사할 사	調査(조사)	杳然		눈 설	殘雪(잔설)	雲霧	

送	送	迭	바꿀 질	書	書	晝	낮 주
						畵	그림 화
보낼 송	放送(방송)	更迭		글 서	書房(서방)	晝夜	畵家

衷	衷	衷	속마음 충	塞	塞	寒	찰 한
		哀	슬플 애				
쇠할 쇠	衰退(쇠퇴)	衷心	哀惜	변방 새	要塞(요새)	寒食	

象	象	衆	무리 중	膝	膝	勝	이길 승
						騰	오를 등
코끼리 상	象牙(상아)	衆生		무릎 슬	膝下(슬하)	勝利	騰落

識	識	織	짤 직	失	失	矢	화살 시
		職	맡을 직			夭	일찍죽을 요
알 식	識見(식견)	織物	職位	잃을 실	失敗(실패)	嚆矢	夭折

深	深	探	더듬을 탐	延	延	廷	조정 정
깊을 심	夜深(야심)	探究		끌 연	延期(연기)	朝廷	

沿	沿	治	다스릴 치	緣	緣	綠	초록빛 록
좇을 연	沿革(연혁)	政治		인연 연	因緣(인연)	草綠	

冶	冶	治	다스릴 치	與	與	興	일어날 흥
쇠불릴 야	陶冶(도야)	政治		줄 여	授與(수여)	興亡	

宇	宇	字	글자 자	園	園	圍	주위 위
집 우	宇宙(우주)	文字		동산 원	庭園(정원)	周圍	

遺	遺	遣	보낼 견	玉	玉	王	임금 왕
						壬	북방 임
남길 유	遺物(유물)	派遣		구슬 옥	珠玉(주옥)	帝王	壬辰

子	子		孑	외로울 혈	帝	帝		常	항상 상
아들 자	子孫(자손)		孑孑		임금 제	帝王(제왕)		常識
兆	兆		北	북녘 북	早	早		旱	가물 한
조짐 조	前兆(전조)		北極		일찍 조	早起(조기)		旱害
潮	潮		湖	호수 호	佐	佐		佑	도울 우
조수 조	潮流(조류)		湖畔		도울 좌	補佐(보좌)		天佑
捉	捉		促	재촉할 촉	責	責		靑	푸를 청
잡을 착	捕捉(포착)		督促		꾸짖을 책	責望(책망)		靑史
追	追		退	물러갈 퇴	充	充		允	허락할 윤
따를 추	追究(추구)		退進		가득할 충	充滿(충만)		允許
側	側		測	헤아릴 측	爆	爆		瀑	폭포 폭
			惻	슬퍼할 측				
곁 측	側近(측근)	測量	惻隱		터질 폭	爆發(폭발)		瀑布
恨	恨		限	한정할 한	幸	幸		辛	매울 신
한탄할 한	怨恨(원한)		限界		다행할 행	幸福(행복)		辛辣
會	會		曾	일찍 증	吸	吸		吹	불 취
								次	버금 차
모을 회	會談(회담)		曾祖		마실 흡	呼吸(호흡)	鼓吹	次席

기출예상문제풀이

한자쓰기

1

다음 漢字語를 漢字로 쓰시오.

① 국군(나라의 군대) ( )
② 서양(동양의 반대말) ( )
③ 반성(스스로를 돌이켜 살핌) ( )
④ 현재(지금) ( )
⑤ 노인(늙은 사람) ( )
⑥ 상하(위와 아래) ( )
⑦ 춘추(봄, 가을) ( )
⑧ 대문(큰 문) ( )
⑨ 용기(씩씩하고 굳센 기운) ( )
⑩ 산촌(산 속에 있는 마을) ( )
⑪ 효행(어버이를 잘 섬기는 행실) ( )
⑫ 화초(꽃이 피는 풀) ( )
⑬ 공중(하늘과 땅 사이의 빈 곳) ( )
⑭ 원근(멀고 가까움) ( )
⑮ 청년(젊은 사람) ( )
⑯ 고락(괴로움과 즐거움) ( )
⑰ 선생(남을 가르치는 사람) ( )
⑱ 부모(아버지와 어머니) ( )
⑲ 안전(위험하지 않음) ( )
⑳ 손자(아들의 아들) ( )

답

① 國軍(나라 국, 군사 군) ② 西洋(서녘 서, 큰바다 양) ③ 反省(되돌릴 반, 살필 성) ④ 現在(나타날 현, 있을 재) ⑤ 老人(늙을 노, 사람 인) ⑥ 上下(위 상, 아래 하) ⑦ 春秋(봄 춘, 가을 추) ⑧ 大門(큰 대, 문 문) ⑨ 勇氣(날랠 용, 기운 기) ⑩ 山村(뫼 산, 마을 촌) ⑪ 孝行(효도 효, 갈 행) ⑫ 花草(꽃 화, 풀 초) ⑬ 空中(빌 공, 가운데 중) ⑭ 遠近(멀 원, 가까울 근) ⑮ 靑年(푸를 청, 해 년) ⑯ 苦樂(쓸 고, 즐거울 락) ⑰ 先生(먼저 선, 날 생) ⑱ 父母(아비 부, 어미 모) ⑲ 安全(편안할 안, 온전할 전) ⑳ 孫子(손자 손, 아들 자)

2

다음 漢字語를 漢字로 쓰시오.

① 형제(형과 아우) ( )
② 교훈(학교의 가르침을 나타낸 표어) ( )
③ 시간(시각·때) ( )
④ 고산(높은 산) ( )
⑤ 동풍(동쪽에서 부는 바람) ( )
⑥ 세계(온 세상) ( )
⑦ 방향(향하는 쪽) ( )
⑧ 계산(수량을 셈) ( )
⑨ 애국(나라를 사랑함) ( )
⑩ 명월(밝은 달) ( )
⑪ 남녀(남자와 여자) ( )
⑫ 행동(몸을 움직임) ( )
⑬ 창문(벽에 낸 작은 문) ( )
⑭ 문답(묻고 대답함) ( )
⑮ 장단(길고 짧음) ( )
⑯ 의복(옷) ( )
⑰ 자습(혼자서 공부하여 익힘) ( )
⑱ 소화(불을 끔) ( )
⑲ 부친(아버지) ( )
⑳ 석유(지하에서 나는 기름(연료)) ( )

답

① 兄弟(맏 형, 아우 제) ② 校訓(학교 교, 가르칠 훈) ③ 時間(때 시, 사이 간) ④ 高山(높을 고, 뫼 산) ⑤ 東風(동녘 동, 바람 풍) ⑥ 世界(대 세, 세계 계) ⑦ 方向(모 방, 향할 향) ⑧ 計算(셈 계, 셈 산) ⑨ 愛國(사랑 애, 나라 국) ⑩ 明月(밝을 명, 달 월) ⑪ 男女(사내 남, 여자 녀) ⑫ 行動(갈 행, 움직일 동) ⑬ 窓門(창 창, 문 문) ⑭ 問答(물을 문, 대답할 답) ⑮ 長短(긴 장, 짧을 단) ⑯ 衣服(옷 의, 옷 복) ⑰ 自習(스스로 자, 익힐 습) ⑱ 消火(사라질 소, 불 화) ⑲ 父親(아비 부, 친할 친) ⑳ 石油(돌 석, 기름 유)

3

다음 漢字語를 漢字로 쓰시오.

① 국민(나라에 사는 백성) ( )
② 농토(농사짓는 땅) ( )
③ 감기(몸이 으슬으슬 추워지며 기침, 콧물이 나는 병) ( )

④ 평화(평온하고 화목함) ( )
⑤ 발표(널리 드러내 세상에 알림) ( )
⑥ 고생(괴롭고 힘드는 일을 겪음) ( )
⑦ 친족(촌수가 가까운 겨레붙이) ( )
⑧ 서양(동양의 반대말) ( )
⑨ 청천(푸른 하늘) ( )
⑩ 광선(빛의 줄기) ( )
⑪ 인명(사람의 목숨) ( )
⑫ 전후(전쟁이 끝난 뒤) ( )
⑬ 형제(형과 아우) ( )
⑭ 조석(아침과 저녁) ( )
⑮ 지하(땅 속) ( )
⑯ 백설(흰 눈) ( )
⑰ 춘추(봄과 가을) ( )
⑱ 교육(가르치고 기르는 것) ( )
⑲ 운동(몸을 움직이는 것) ( )
⑳ 신문(새로운 소식을 빨리 보도하는 정기 간행물) ( )

답
① 國民(나라 국, 백성 민) ② 農土(농사 농, 흙 토) ③ 感氣(느낄 감, 기운 기) ④ 平和(평평할 평, 화합할 화) ⑤ 發表(쏠 발, 겉 표) ⑥ 苦生(쓸 고, 살 생) ⑦ 親族(친할 친, 겨레 족) ⑧ 西洋(서녘 서, 큰바다 양) ⑨ 靑天(푸를 청, 하늘 천) ⑩ 光線(빛 광, 줄 선) ⑪ 人命(사람 인, 목숨 명) ⑫ 戰後(싸울 전, 뒤 후) ⑬ 兄弟(맏 형, 아우 제) ⑭ 朝夕(아침 조, 저녁 석) ⑮ 地下(땅 지, 아래 하) ⑯ 白雪(흰 백, 눈 설) ⑰ 春秋(봄 춘, 가을 추) ⑱ 敎育(가르칠 교, 기를 육) ⑲ 運動(돌 운, 움직일 동) ⑳ 新聞(새로울 신, 들을 문)

4

다음 漢字語를 漢字로 쓰시오.
① 국군(우리나라 군대) ( )
② 가수(노래 부르는 일을 직업으로 삼는 사람) ( )
③ 선생(남을 가르치는 사람) ( )
④ 계산(수량을 헤아림, 셈하여 헤아림) ( )
⑤ 고급(높은 등급) ( )
⑥ 학교(교과과정을 통해 지식을 배우는 집) ( )
⑦ 남녀(남자와 여자) ( )
⑧ 남북(남쪽과 북쪽) ( )
⑨ 야간(밤 사이, 밤 동안) ( )

⑩ 조상(같은 혈통의 할아버지 이상 웃어른)　　　(　　　　　　)
⑪ 방향(향하거나 나아가는 쪽)　　　　　　　　　(　　　　　　)
⑫ 음악(악곡과 관련된 공부를 하는 과목)　　　　(　　　　　　)
⑬ 좌우(왼쪽과 오른쪽)　　　　　　　　　　　　(　　　　　　)
⑭ 농사(농작물을 가꾸거나 가축을 기르는 일)　　(　　　　　　)
⑮ 서당(글 배우는 곳)　　　　　　　　　　　　　(　　　　　　)
⑯ 양지(볕이 잘 드는 곳)　　　　　　　　　　　(　　　　　　)
⑰ 대신(남의 일을 대행하는 것)　　　　　　　　(　　　　　　)
⑱ 본사(지사에 대해 중심이 되는 사업체)　　　　(　　　　　　)
⑲ 창문(벽에 낸 작은 문)　　　　　　　　　　　(　　　　　　)
⑳ 동풍(동쪽에서 부는 바람. 샛바람)　　　　　　(　　　　　　)

답

① 國軍(나라 국, 군사 군)　② 歌手(노래 가, 손 수)　③ 先生(먼저 선, 살 생)　④ 計算(셈 계, 셈 산)　⑤ 高級(높을 고, 등급 급)　⑥ 學校(배울 학, 학교 교)　⑦ 男女(사내 남, 여자 녀)　⑧ 南北(남녘 남, 북녘 북)　⑨ 夜間(밤 야, 사이 간)　⑩ 祖上(조상 조, 위 상)　⑪ 方向(모 방, 향할 향)　⑫ 音樂(소리 음, 음악 악)　⑬ 左右(왼 좌, 오른 우)　⑭ 農事(농사 농, 일 사)　⑮ 書堂(글 서, 집 당)　⑯ 陽地(볕 양, 땅 지)　⑰ 代身(대신 대, 몸 신)　⑱ 本社(근본 본, 단체 사)　⑲ 窓門(창 창, 문 문)　⑳ 東風(동녘 동, 바람 풍)

5

다음 밑줄 친 단어를 漢字로 쓰시오.

① 우리 모두 자연보호에 앞장서자.　　　　　　　(　　　　　　)
② 많은 꽃과 나무들이 식물원에 있다.　　　　　　(　　　　　　)
③ 우리 교실은 환경정리가 잘 되어 있다.　　　　(　　　　　　)
④ 시장은 물건을 사고 파는 곳이다.　　　　　　　(　　　　　　)
⑤ 군에 입대한 삼촌에게 편지를 부쳤다.　　　　　(　　　　　　)
⑥ 우리 학교의 교훈은 '서로 아끼고 사랑하자'이다.　(　　　　　　)
⑦ 조상의 슬기를 배우자.　　　　　　　　　　　　(　　　　　　)
⑧ 올림픽 역도경기는 가장 힘이 센 선수를 가려내는 경기이다.　(　　　　　　)
⑨ 우리 농촌의 풍경은 아름답다.　　　　　　　　(　　　　　　)
⑩ 시간을 황금같이 알아라.　　　　　　　　　　　(　　　　　　)
⑪ 사방을 다 둘러보아도 오직 구름뿐이다.　　　　(　　　　　　)
⑫ 수력발전으로 전기를 생산한다.　　　　　　　　(　　　　　　)
⑬ 우리나라에는 매년 2～3차례 태풍이 온다.　　(　　　　　　)
⑭ 누구나 늙으면 노인이 된다.　　　　　　　　　(　　　　　　)
⑮ 군부대에서 태극기와 군기가 펄럭인다.　　　　(　　　　　　)

⑯ <u>부모</u>님 말씀을 잘 들어라. ( )
⑰ 우리 어머니께서는 <u>화초</u>를 가꾸시는 것이 취미이시다. ( )
⑱ 낮 열 두 시를 <u>정오</u>라고 한다. ( )
⑲ 집 <u>주소</u>를 알면 쉽게 찾을 수 있다. ( )
⑳ <u>대한민국</u>은 민주공화국이다. ( )

답
① 自然(스스로 자, 그럴 연) ② 植物(심을 식, 만물 물) ③ 敎室(가르칠 교, 집 실) ④ 市場(저자 시, 마당 장) ⑤ 便紙(편리할 편, 종이 지) ⑥ 學校(배울 학, 학교 교) ⑦ 祖上(조상 조, 위 상) ⑧ 力道(힘 역, 길 도) ⑨ 農村(농사 농, 마을 촌) ⑩ 時間(때 시, 사이 간) ⑪ 四方(넉 사, 모 방) ⑫ 電氣(번개 전, 기운 기) ⑬ 每年(매양 매, 해 년) ⑭ 老人(늙을 노, 사람 인) ⑮ 軍旗(군사 군, 기 기) ⑯ 父母(아비 부, 어미 모) ⑰ 花草(꽃 화, 풀 초) ⑱ 正午(바를 정, 정오 오) ⑲ 住所(살 주, 바 소) ⑳ 大韓民國(큰 대, 나라 한, 백성 민, 나라 국)

6

다음 밑줄 친 단어를 漢字로 쓰시오.
① 우리 <u>교실</u>에 가득한 웃음 ( )
② 너희 <u>부모</u>님은 안녕하시냐? ( )
③ <u>구월</u>이 지나갔구나! ( )
④ <u>삼촌</u>이 왔다. ( )
⑤ <u>동대문</u> 위로 달이 솟았다. ( )
⑥ 해가 <u>서산</u>으로 넘어간다. ( )
⑦ 씩씩한 <u>여군</u>을 보았다. ( )
⑧ '<u>외인</u>출입금지'란 팻말이 보였다. ( )
⑨ 초등<u>학교</u> 5학년 3반 ( )
⑩ 나라의 주인은 <u>국민</u>이다. ( )

답
① 敎室(가르칠 교, 집 실) ② 父母(아비 부, 어미 모) ③ 九月(아홉 구, 달 월) ④ 三寸(석 삼, 마디 촌) ⑤ 東大門(동녘 동, 큰 대, 문 문) ⑥ 西山(서녘 서, 뫼 산) ⑦ 女軍(여자 여, 군사 군) ⑧ 外人(바깥 외, 사람 인) ⑨ 學校(배울 학, 학교 교) ⑩ 國民(나라 국, 백성 민)

7

다음 밑줄 친 단어를 漢字로 쓰시오.
① 많은 비 때문에 학교가 <u>휴교</u>하였다. ( )
② 올 해 우리 할아버지의 <u>춘추</u>가 80세 이시다. ( )

③ 저 <u>가수</u>는 노래를 참 잘한다. (　　　　)
④ <u>산수</u>는 덧셈, 뺄셈, 나눗셈, 곱셈 등을 계산하는 것이다. (　　　　)
⑤ 우리 <u>삼촌</u>은 야구선수이다. (　　　　)
⑥ 막강한 <u>공군</u>이 우리나라의 영공을 지키고 있다. (　　　　)
⑦ <u>생명</u>을 다하여 조국을 지키자. (　　　　)
⑧ 시청 앞에는 <u>전국</u>에서 모여든 사람들로 가득하다. (　　　　)
⑨ 아름다운 고려청자가 <u>출토</u>되었다. (　　　　)
⑩ 우리나라를 가리켜 <u>동방</u>의 아침의 나라라고 일컫는다. (　　　　)
⑪ 봄철에는 <u>농민</u>들의 손길이 분주하다. (　　　　)
⑫ 인간이 동물과 다른 점은 <u>직립</u>할 수 있다는 점이다. (　　　　)
⑬ <u>식사</u>시간에는 조용히 하자. (　　　　)
⑭ 저 <u>소년</u>은 매우 빨리 달린다. (　　　　)
⑮ 나는 철수와 <u>동성</u>동본이다. (　　　　)
⑯ 우리는 <u>매일</u> 아침식사를 거른다. (　　　　)
⑰ 저 사람은 <u>백만</u>장자이다. (　　　　)
⑱ 김 박사는 우리 <u>가문</u>에서 제일 뛰어난 사람이다. (　　　　)
⑲ 무대 위로 배우들이 박수를 받으며 <u>등장</u>하고 있다. (　　　　)
⑳ 우리는 이 험한 <u>세상</u>을 꿋꿋이 살아가야 한다. (　　　　)

답

① 休校(쉴 휴, 학교 교) ② 春秋(봄 춘, 가을 추) ③ 歌手(노래 가, 손 수) ④ 算數(셈 산, 셈 수) ⑤ 三寸(석 삼, 마디 촌) ⑥ 空軍(빌 공, 군사 군) ⑦ 生命(살 생, 목숨 명) ⑧ 全國(온전할 전, 나라 국) ⑨ 出土(날 출, 흙 토) ⑩ 東方(동녘 동, 모 방) ⑪ 農民(농사 농, 백성 민) ⑫ 直立(곧을 직, 설 립) ⑬ 食事(먹을 식, 일 사) ⑭ 少年(적을 소, 해 년) ⑮ 同姓(같을 동, 성 성) ⑯ 每日(매양 매, 날 일) ⑰ 百萬(일백 백, 일만 만) ⑱ 家門(집 가, 문 문) ⑲ 登場(오를 등, 마당 장) ⑳ 世上(대 세, 위 상)

8

다음 밑줄 친 단어를 漢字로 쓰시오.
① 우리 <u>국군</u>은 무척 용감하다. (　　　　)
② <u>서산</u>으로 지는 해가 아름답게 보였다. (　　　　)
③ <u>남북</u>한 축구시합이 곧 열릴 것이다. (　　　　)
④ 우리 <u>부모</u>님은 우리를 무척 사랑하신다. (　　　　)
⑤ 우리나라는 <u>칠팔월</u>에 비가 많이 내린다. (　　　　)
⑥ 우리나라의 이름은 <u>대한</u>민국이다. (　　　　)
⑦ <u>형제</u>끼리 사이좋게 지내야 한다. (　　　　)

⑧ 아침에 산에 가서 <u>생수</u>를 떠 마셨다.　　　　　　　　(　　　　　　)
⑨ 나는 우리 <u>학교</u> 교가를 힘차게 불렀다.　　　　　　　(　　　　　　)
⑩ <u>동대문</u>운동장에서 축구경기를 한다.　　　　　　　　(　　　　　　)

● 답

① 國軍(나라 국, 군사 군)　② 西山(서녘 서, 뫼 산)　③ 南北(남녘 남, 북녘 북)　④ 父母(아비 부, 어미 모)　⑤ 七八(일곱 칠, 여덟 팔)　⑥ 大韓(큰 대, 나라 한)　⑦ 兄弟(맏 형, 아우 제)　⑧ 生水(살 생, 물 수)　⑨ 學校(배울 학, 학교 교)　⑩ 東大門(동녘 동, 큰 대, 문 문)

9

다음 한자어를 漢字로 쓰시오.

① 시장(물건을 사고 파는 곳)　　　　　　　　　　　　　(　　　　　　)
② 화산(용암이 분출되는 산)　　　　　　　　　　　　　　(　　　　　　)
③ 토지(땅)　　　　　　　　　　　　　　　　　　　　　　(　　　　　　)
④ 주민(읍, 면, 동 등 일정한 지역에 사는 사람)　　　　　(　　　　　　)
⑤ 교실(수업을 하기 위해 쓰는 방)　　　　　　　　　　　(　　　　　　)
⑥ 만년(매우 오랜 세월)　　　　　　　　　　　　　　　　(　　　　　　)
⑦ 동리(사람이 모여 사는 곳)　　　　　　　　　　　　　(　　　　　　)
⑧ 노모(늙은 어머니)　　　　　　　　　　　　　　　　　(　　　　　　)
⑨ 내외(안과 밖)　　　　　　　　　　　　　　　　　　　(　　　　　　)
⑩ 문답(질문과 대답)　　　　　　　　　　　　　　　　　(　　　　　　)
⑪ 안심(마음을 편안히 함)　　　　　　　　　　　　　　　(　　　　　　)
⑫ 백성(일반 국민)　　　　　　　　　　　　　　　　　　(　　　　　　)
⑬ 인간(사람)　　　　　　　　　　　　　　　　　　　　　(　　　　　　)
⑭ 가사(집안의 일)　　　　　　　　　　　　　　　　　　(　　　　　　)
⑮ 대문(큰 문)　　　　　　　　　　　　　　　　　　　　(　　　　　　)
⑯ 청천(푸른 하늘)　　　　　　　　　　　　　　　　　　(　　　　　　)
⑰ 목수(나무를 다듬어 집을 짓는 사람)　　　　　　　　(　　　　　　)
⑱ 수력(물의 힘)　　　　　　　　　　　　　　　　　　　(　　　　　　)
⑲ 정오(낮 12시)　　　　　　　　　　　　　　　　　　　(　　　　　　)
⑳ 농촌(농가가 모여 있는 마을)　　　　　　　　　　　　(　　　　　　)

● 답

① 市場(저자 시, 마당 장)　② 火山(불 화, 뫼 산)　③ 土地(흙 토, 땅 지)　④ 住民(살 주, 백성 민)　⑤ 敎室(가르칠 교, 집 실)　⑥ 萬年(일만 만, 해 년)　⑦ 洞里(고을 동, 마을 리)　⑧ 老母(늙을 노, 어미 모)　⑨ 內外(안 내, 바깥 외)　⑩ 問答(물을 문, 대답할 답)　⑪ 安心(편안할 안, 마음 심)　⑫ 百姓(일백 백, 성 성)　⑬ 人間(사람 인, 사이 간)　⑭ 家事(집 가, 일 사)　⑮ 大門(큰 대, 문 문)　⑯ 靑天(푸를 청, 하늘 천)　⑰ 木手(나무 목, 손 수)　⑱ 水力(물 수, 힘 력)　⑲ 正午(바를 정, 정오 오)　⑳ 農村(농사 농, 마을 촌)

10

다음 밑줄 친 단어를 漢字로 쓰시오.

① 우리 <u>국민</u>은 모두 정직하다.　　　　　　　　　（　　　　　　　）
② 나는 <u>만금</u>을 주어도 거짓말하지 않겠다.　　　（　　　　　　　）
③ <u>남북</u>이 통일 될 날이 곧 올 것이다.　　　　　　（　　　　　　　）
④ 광개토<u>대왕</u>은 고구려의 국토를 넓혔다.　　　　（　　　　　　　）
⑤ 갑자기 외<u>삼촌</u>이 보고 싶다.　　　　　　　　　（　　　　　　　）
⑥ 나는 <u>부모</u>님과 할아버지 산소에 갔다.　　　　（　　　　　　　）
⑦ 문에 '<u>외인</u>출입금지'라고 쓴 팻말이 보였다.　（　　　　　　　）
⑧ 우리 반은 오월 <u>십일</u>에 현장학습을 간다.　　　（　　　　　　　）
⑨ 제주도는 본래 <u>화산</u>이었다고 한다.　　　　　　（　　　　　　　）
⑩ 식목일은 <u>사월</u> 오일이다.　　　　　　　　　　（　　　　　　　）

답
① 國民(나라 국, 백성 민)　② 萬金(일만 만, 쇠 금)　③ 南北(남녘 남, 북녘 북)　④ 大王(큰 대, 임금 왕)　⑤ 三寸(석 삼, 마디 촌)　⑥ 父母(아비 부, 어미 모)　⑦ 外人(바깥 외, 사람 인)　⑧ 十日(열 십, 날 일)　⑨ 火山(불 화, 뫼 산)　⑩ 四月(넉 사, 달 월)

11

다음 (　　) 안에 알맞은 漢字를 쓰시오.

① 일 사　　　（　　　）　　② 푸를 청　　（　　　）　　③ 쉴 휴　　（　　　）
④ 셈 수　　　（　　　）　　⑤ 빛 색　　　（　　　）　　⑥ 때 시　　（　　　）
⑦ 먹을 식　　（　　　）　　⑧ 무거울 중　（　　　）　　⑨ 인간 세　（　　　）
⑩ 기록할 기　（　　　）　　⑪ 마을 리　　（　　　）

답
① 事　② 青　③ 休　④ 數　⑤ 色　⑥ 時　⑦ 食　⑧ 重　⑨ 世　⑩ 記　⑪ 里

12

다음 밑줄 친 단어를 漢字로 쓰시오.

① 오늘 아침에는 <u>학교</u> 가는 길이 복잡했다.　　　　　　（　　　　　　　）
② <u>교실</u>에는 선생님이 벌써 와 계신다.　　　　　　　　　（　　　　　　　）
③ 우리는 <u>부모</u>님께 효도하는 마음을 지녀야 한다.　　　（　　　　　　　）
④ <u>동서</u>로 나뉘었던 독일도 통일하였다.　　　　　　　　（　　　　　　　）

⑤ 의좋은 <u>형제</u>를 읽고 가슴이 뭉클하였다. ( )
⑥ <u>오만</u>명이나 운동장에 입장하여 우리나라 선수를 응원하였다. ( )
⑦ 세종<u>대왕</u>은 백성들을 위하여 쉽고 편리한 한글을 만드셨다. ( )
⑧ <u>남대문</u>의 본래 이름은 숭례문이다. ( )
⑨ <u>삼월</u>도 지나고 사월이 다가 온다. ( )
⑩ 제주도의 한라산은 <u>화산</u>이었다. ( )

답
① 學校(배울 학, 학교 교) ② 敎室(가르칠 교, 집 실) ③ 父母(아비 부, 어미 모) ④ 東西(동녘 동, 서녘 서) ⑤ 兄弟(맏 형, 아우 제) ⑥ 五萬(다섯 오, 일만 만) ⑦ 大王(큰 대, 임금 왕) ⑧ 南大門(남녘 남, 큰 대, 문 문) ⑨ 三月(석 삼, 달 월) ⑩ 火山(불 화, 뫼 산)

13

다음 밑줄 친 단어를 漢字로 쓰시오.
① <u>선생</u>님의 가르침을 잘 따라야 한다. ( )
② <u>등산</u>은 건강에 매우 좋다. ( )
③ 국가발전의 원동력은 <u>교육</u>에서 비롯된다. ( )
④ 그 사람은 <u>매일</u> 아침 일찍 일어난다. ( )
⑤ 예전에는 서울에 <u>전차</u>가 다녔다. ( )

답
① 先生(먼저 선, 날 생) ② 登山(오를 등, 뫼 산) ③ 敎育(가르칠 교, 기를 육) ④ 每日(매양 매, 날 일) ⑤ 電車(번개·전기 전, 수레 차)

14

다음 漢字語를 漢字로 쓰시오.
① 안전(위험하지 않음) ( )
② 하교(학교에서 공부를 하고 집으로 돌아감) ( )
③ 가수(노래 부르는 사람) ( )
④ 초목(풀과 나무) ( )
⑤ 추석(가을에 있는 큰 명절) ( )

답
① 安全(편안할 안, 온전할 전) ② 下校(아래 하, 학교 교) ③ 歌手(노래 가, 손 수) ④ 草木(풀 초, 나무 목) ⑤ 秋夕(가을 추, 저녁 석)

15

다음 漢字語를 漢字로 쓰시오.

① 기온(공기의 온도) ( )
② 발명(어떤 물건이나 방법을 새로 만들어 냄) ( )
③ 독서(책을 읽음) ( )
④ 학력(학문의 힘) ( )
⑤ 은행(돈을 찾고 저축하는 곳) ( )
⑥ 태양(해) ( )
⑦ 고대(옛날) ( )
⑧ 가정(한 가족이 살림하고 있는 집안) ( )
⑨ 토지(땅, 흙) ( )
⑩ 석유(땅 속에서 나는 광물성 연소 액체, 땅 속에서 나는 연료용 액체) ( )
⑪ 식물(생물 중 동물이 아닌 다른 분류의 하나) ( )
⑫ 통신(소식을 전함) ( )
⑬ 특별(보통보다 다름) ( )
⑭ 한국(대한민국) ( )
⑮ 풍속(바람이 부는 속도) ( )
⑯ 승리(겨루어 이김) ( )
⑰ 동화(어린이를 상대로 해서 지은 이야기) ( )
⑱ 세계(온 세상) ( )
⑲ 교실(학교에서 공부를 가르치는 방) ( )
⑳ 손자(아들의 아들) ( )

답
① 氣溫(기운 기, 따뜻할 온) ② 發明(쏠 발, 밝을 명) ③ 讀書(읽을 독, 책 서) ④ 學力(배울 학, 힘 력) ⑤ 銀行(은 은, 갈 행) ⑥ 太陽(클 태, 별 양) ⑦ 古代(옛 고, 대신 대) ⑧ 家庭(집 가, 뜰 정) ⑨ 土地(흙 토, 땅 지) ⑩ 石油(돌 석, 기름 유) ⑪ 植物(심을 식, 만물 물) ⑫ 通信(통할 통, 믿을 신) ⑬ 特別(특히 특, 나눌 별) ⑭ 韓國(나라 한, 나라 국) ⑮ 風速(바람 풍, 빠를 속) ⑯ 勝利(이길 승, 이로울·날카로울 리) ⑰ 童話(아이 동, 말할 화) ⑱ 世界(대 세, 세계 계) ⑲ 敎室(가르칠 교, 집 실) ⑳ 孫子(손자 손, 아들 자)

16

다음 漢字語를 漢字로 쓰시오.

① 백미(흰쌀) ( )
② 효자(부모님 잘 모시는 아들) ( )
③ 교문(학교 정문) ( )

④ 주인(한 집안의 어른) (　　　　　　　　)
⑤ 조부모(할아버지와 할머니) (　　　　　　　　)
⑥ 소유(자기 것으로 가짐) (　　　　　　　　)
⑦ 내년(다음 해) (　　　　　　　　)
⑧ 서방(서쪽 방향) (　　　　　　　　)
⑨ 시장(상품을 팔고 사는 장소) (　　　　　　　　)
⑩ 생명(목숨) (　　　　　　　　)
⑪ 매일(날마다) (　　　　　　　　)
⑫ 정오(낮 12시) (　　　　　　　　)
⑬ 동장(동사무소의 웃어른) (　　　　　　　　)
⑭ 수자(숫자) (　　　　　　　　)
⑮ 출입(나가고 들어옴) (　　　　　　　　)

답
① 白米(흰 백, 쌀 미)   ② 孝子(효도 효, 아들 자)   ③ 校門(학교 교, 문 문)   ④ 主人(주인 주, 사람 인)   ⑤ 祖父母(조상 조, 아비 부, 어미 모)   ⑥ 所有(바 소, 있을 유)   ⑦ 來年(올 래(내), 해 년)   ⑧ 西方(서녘 서, 모 방)   ⑨ 市場(저자 시, 마당 장)   ⑩ 生命(살 생, 목숨 명)   ⑪ 每日(매양 매, 날 일)   ⑫ 正午(바를 정, 정오 오)   ⑬ 洞長(고을 동, 길·어른 장)   ⑭ 數字(셈 수, 글자 자)   ⑮ 出入(날 출, 들 입)

17

다음 훈음에 알맞은 漢字를 보기에서 골라 번호를 쓰시오.

| ㉠ 陽 | ㉡ 溫 | ㉢ 遠 | ㉣ 由 | ㉤ 飮 | ㉥ 衣 | ㉦ 章 |
| ㉧ 戰 | ㉨ 朝 | ㉩ 淸 | ㉪ 特 | ㉫ 後 | ㉬ 形 | |

① 옷 의 (　　　)　② 싸울 전 (　　　)　③ 말미암을 유 (　　　)
④ 맑을 청 (　　　)　⑤ 따뜻할 온 (　　　)　⑥ 뒤 후 (　　　)
⑦ 멀 원 (　　　)　⑧ 볕 양 (　　　)　⑨ 글 장 (　　　)
⑩ 특별할 특 (　　　)　⑪ 모양 형 (　　　)　⑫ 아침 조 (　　　)
⑬ 마실 음 (　　　)

답
① ㉥　② ㉧　③ ㉣　④ ㉩　⑤ ㉡　⑥ ㉫　⑦ ㉢　⑧ ㉠　⑨ ㉦　⑩ ㉪　⑪ ㉬　⑫ ㉨　⑬ ㉤

18

다음 漢字語를 漢字로 쓰시오.

① 속도(빠르기) (　　　　　　　　)

② 화제(이야기 거리) (　　　　　)
③ 장소(어떤 일이 벌어지거나 물건이 있는 곳) (　　　　　)
④ 정답(옳은 답) (　　　　　)
⑤ 반성(자신을 되돌아 봄) (　　　　　)
⑥ 대립(서로 반대됨) (　　　　　)
⑦ 해양(넓은 바다) (　　　　　)
⑧ 동심(어린이의 마음) (　　　　　)
⑨ 의복(옷) (　　　　　)
⑩ 신문(사회에서 일어난 일을 빨리 알리는 것) (　　　　　)
⑪ 직선(곧은 선) (　　　　　)
⑫ 교통(사람이나 물건을 실어 나르는 일) (　　　　　)
⑬ 공식(정해진 틀, 수학의 법칙) (　　　　　)
⑭ 국가(나라를 대표하는 노래) (　　　　　)
⑮ 음악(노래와 연주) (　　　　　)
⑯ 회사(돈을 벌기 위해 만든 모임) (　　　　　)
⑰ 가훈(집안의 중심이 되는 가르침) (　　　　　)
⑱ 성명(성과 이름) (　　　　　)

답
① 速度(빠를 속, 법도 도)　② 話題(말할 화, 표제 제)　③ 場所(마당 장, 바 소)　④ 正答(바를 정, 대답할 답)　⑤ 反省(되돌릴 반, 살필 성)　⑥ 對立(대신·대할 대, 설 립)　⑦ 海洋(바다 해, 큰바다 양)　⑧ 童心(아이 동, 마음 심)　⑨ 衣服(옷 의, 옷 복)　⑩ 新聞(새로울 신, 들을 문)　⑪ 直線(곧을 직, 줄 선)　⑫ 交通(사귈 교, 통할 통)　⑬ 公式(공변될 공, 법식 식)　⑭ 國歌(나라 국, 노래 가)　⑮ 音樂(소리 음, 음악 악)　⑯ 會社(만날 회, 단체 사)　⑰ 家訓(집 가, 가르칠 훈)　⑱ 姓名(성 성, 이름 명)

19

다음 漢字語를 漢字로 쓰시오.
① 제자(스승의 가르침을 받는 사람) (　　　　　)
② 외가(어머니의 친정) (　　　　　)
③ 면목(볼 낯, 체면) (　　　　　)
④ 남해(남쪽에 있는 바다) (　　　　　)
⑤ 풍문(떠도는 소문) (　　　　　)
⑥ 기색(낌새) (　　　　　)
⑦ 본문(원래의 글) (　　　　　)
⑧ 녹림(푸른 수풀) (　　　　　)
⑨ 공식(정해진 틀, 수학의 법칙) (　　　　　)

⑩ 정원(뜰)　　　　　　　　　　　　　　　　（　　　　　　　）
⑪ 야전(들판에서 하는 전투)　　　　　　　　（　　　　　　　）
⑫ 부모(아버지와 어머니)　　　　　　　　　 （　　　　　　　）
⑬ 자유(자기의 뜻에 따라서 행동하는 일)　　（　　　　　　　）
⑭ 백설(흰 눈)　　　　　　　　　　　　　　（　　　　　　　）
⑮ 석양(지는 해)　　　　　　　　　　　　　 （　　　　　　　）

> **답**
> ① 弟子(아우 제, 아들 자)　② 外家(바깥 외, 집 가)　③ 面目(낯 면, 눈 목)　④ 南海(남녘 남, 바다 해)　⑤ 風聞(바람 풍, 들을 문)　⑥ 氣色(기운 기, 빛깔 색)　⑦ 本文(근본 본, 글월 문)　⑧ 綠林(푸를 녹, 수풀 림)　⑨ 公式(공변될 공, 법식 식)　⑩ 庭園(뜰 정, 동산 원)　⑪ 野戰(들 야, 싸울 전)　⑫ 父母(아비 부, 어미 모)　⑬ 自由(스스로 자, 말미암을 유)　⑭ 白雪(흰 백, 눈 설)　⑮ 夕陽(저녁 석, 볕 양)

20

다음 단어를 漢字로 쓰시오. (약자로 써도 좋음)

① 명소(이름난 곳)　　　　　　　　　　　　（　　　　　　　）
② 농부(농사 짓는 사람)　　　　　　　　　　（　　　　　　　）
③ 후세(뒷 세상)　　　　　　　　　　　　　 （　　　　　　　）
④ 백기(흰 기)　　　　　　　　　　　　　　 （　　　　　　　）
⑤ 등교(학교에 감)　　　　　　　　　　　　 （　　　　　　　）
⑥ 중대(매우 중요함)　　　　　　　　　　　 （　　　　　　　）

> **답**
> ① 名所(이름 명, 바 소)　② 農夫(농사 농, 지아비 부)　③ 後世(뒤 후, 대 세)　④ 白旗(흰 백, 기 기)　⑤ 登校(오를 등, 학교 교)　⑥ 重大(무거울 중, 큰 대)

21

다음 (　　) 안에 알맞은 漢字를 쓰시오.

① 어제 작　（　　　）　② 쓸 고　（　　　）　③ 물건 물　（　　　）
④ 근본 본　（　　　）　⑤ 그럴 연　（　　　）　⑥ 풀 초　（　　　）
⑦ 귀신 신　（　　　）　⑧ 편할 편　（　　　）　⑨ 노래 가　（　　　）
⑩ 낮 오　　（　　　）　⑪ 아래 하　（　　　）　⑫ 통할 통　（　　　）
⑬ 볕 양　　（　　　）　⑭ 뿔 각　　（　　　）　⑮ 나라 한　（　　　）

> **답**
> ① 昨　② 苦　③ 物　④ 本　⑤ 然　⑥ 草　⑦ 神　⑧ 便　⑨ 歌　⑩ 午　⑪ 下　⑫ 通　⑬ 陽　⑭ 角　⑮ 韓

22

다음 (   ) 안에 알맞은 漢字를 쓰시오.

① 마당 장   (   )   ② 법도 도   (   )   ③ 늙을 로   (   )
④ 짧을 단   (   )   ⑤ 그럴 연   (   )   ⑥ 남녘 남   (   )
⑦ 때 시   (   )   ⑧ 종이 지   (   )   ⑨ 수풀 림   (   )
⑩ 겨울 동   (   )   ⑪ 아우 제   (   )   ⑫ 오른 우   (   )
⑬ 고을 읍   (   )   ⑭ 수레 거   (   )   ⑮ 밥 식   (   )

답
① 場 ② 度 ③ 老 ④ 短 ⑤ 然 ⑥ 南 ⑦ 時 ⑧ 紙 ⑨ 林 ⑩ 冬 ⑪ 弟 ⑫ 右 ⑬ 邑 ⑭ 車 ⑮ 食

23

다음 (   ) 안에 알맞은 漢字를 쓰시오.

① 농사 농   (   )   ② 푸를 청   (   )   ③ 편할 편   (   )
④ 따뜻할 온 (   )   ⑤ 하여금 사 (   )   ⑥ 기운 기   (   )
⑦ 빛 색   (   )   ⑧ 일만 만   (   )   ⑨ 힘 력   (   )
⑩ 발 족   (   )   ⑪ 인간 세   (   )   ⑫ 일 사   (   )

답
① 農 ② 靑 ③ 便 ④ 溫 ⑤ 使 ⑥ 氣 ⑦ 色 ⑧ 萬 ⑨ 力 ⑩ 足 ⑪ 世 ⑫ 事

24

다음 (   ) 안에 알맞은 漢字를 쓰시오.

① 기운 기   (   )   ② 푸를 청   (   )   ③ 남녘 남   (   )
④ 곧을 직   (   )   ⑤ 올 래   (   )   ⑥ 일만 만   (   )
⑦ 저녁 석   (   )   ⑧ 집 실   (   )   ⑨ 아우 제   (   )
⑩ 꽃 화   (   )   ⑪ 셈 수   (   )   ⑫ 다섯 오   (   )
⑬ 사랑 애   (   )   ⑭ 지아비 부 (   )   ⑮ 손 수   (   )

답
① 氣 ② 靑 ③ 南 ④ 直 ⑤ 來 ⑥ 萬 ⑦ 夕 ⑧ 室 ⑨ 弟 ⑩ 花 ⑪ 數 ⑫ 五 ⑬ 愛 ⑭ 夫 ⑮ 手

25

다음 (   ) 안에 알맞은 漢字를 쓰시오.

① 평평할 평 (　　) ② 종이 지 (　　) ③ 말씀 화 (　　)
④ 대답 답 (　　) ⑤ 가리칠 교 (　　) ⑥ 노래 가 (　　)
⑦ 그럴 연 (　　) ⑧ 목숨 명 (　　) ⑨ 군사 군 (　　)
⑩ 학교 교 (　　) ⑪ 아비 부 (　　) ⑫ 사내 남 (　　)
⑬ 물건 물 (　　) ⑭ 마당 장 (　　) ⑮ 수풀 림 (　　)
⑯ 곧을 직 (　　) ⑰ 인간 세 (　　) ⑱ 할아버지 조 (　　)
⑲ 빌 공 (　　) ⑳ 바 소 (　　)

답 ① 平 ② 紙 ③ 話 ④ 答 ⑤ 教 ⑥ 歌 ⑦ 然 ⑧ 命 ⑨ 軍 ⑩ 校 ⑪ 父 ⑫ 男 ⑬ 物 ⑭ 場 ⑮ 林 ⑯ 直 ⑰ 世 ⑱ 祖 ⑲ 空 ⑳ 所

26

다음 (　　) 안에 알맞은 漢字를 쓰시오.
① 큰바다 양 (　　) ② 고을 군 (　　) ③ 마을 리 (　　)
④ 말씀 어 (　　) ⑤ 가르칠 훈 (　　) ⑥ 움직일 동 (　　)

답 ① 洋 ② 郡 ③ 里 ④ 語 ⑤ 訓 ⑥ 動

27

다음 (　　) 안에 알맞은 漢字를 쓰시오.
① 뿔 각 (　　) ② 자리 석 (　　) ③ 강 강 (　　)
④ 고을 군 (　　) ⑤ 잃을 실 (　　) ⑥ 번개 전 (　　)

답 ① 角 ② 席 ③ 江 ④ 郡 ⑤ 失 ⑥ 電

28

다음 漢字語의 漢字를 쓰시오.
① 독서(책읽기) (　　　　　　)
② 운동장(운동 마당) (　　　　　　)
③ 조부(할아버지) (　　　　　　)
④ 애족(겨레 사랑) (　　　　　　)
⑤ 백두산(산 이름) (　　　　　　)

⑥ 조회(아침의 모임) (　　　　　　　)
⑦ 정원(집안의 뜰) (　　　　　　　)
⑧ 황해(우리나라 서해) (　　　　　　　)

답
① 讀書(읽을 독, 책 서) ② 運動場(돌 운, 움직일 동, 마당 장) ③ 祖父(조상 조, 아비 부) ④ 愛族(사랑 애, 겨레 족) ⑤ 白頭山(흰 백, 머리 두, 뫼 산) ⑥ 朝會(아침 조, 만날 회) ⑦ 庭園(뜰 정, 동산 원) ⑧ 黃海(누를 황, 바다 해)

29

다음 漢字語의 漢字를 쓰시오.
① 청년(젊은이) (　　　　　　　)
② 문전(문 앞) (　　　　　　　)
③ 조모(할머니) (　　　　　　　)
④ 동해(우리나라 동쪽 바다) (　　　　　　　)
⑤ 전화(전화기로 이야기함) (　　　　　　　)
⑥ 식물(나무나 풀 등의 생물) (　　　　　　　)
⑦ 춘추(봄, 가을) (　　　　　　　)
⑧ 교육(가르쳐 기름) (　　　　　　　)
⑨ 국기(나라의 기) (　　　　　　　)
⑩ 생가(태어난 집) (　　　　　　　)

답
① 靑年(푸를 청, 해 년) ② 門前(문 문, 앞 전) ③ 祖母(조상 조, 어미 모) ④ 東海(동녘 동, 바다 해) ⑤ 電話(번개 전, 말할 화) ⑥ 植物(심을 식, 만물 물) ⑦ 春秋(봄 춘, 가을 추) ⑧ 敎育(가르칠 교, 기를 육) ⑨ 國旗(나라 국, 기 기) ⑩ 生家(날 생, 집 가)

30

다음 漢字語의 漢字를 쓰시오.
① 식목일(나무 심는 날) (　　　　　　　)
② 차도(자동차 길) (　　　　　　　)
③ 성명(성과 이름) (　　　　　　　)
④ 효녀(효성스러운 딸) (　　　　　　　)
⑤ 실내(방안, 교실 안) (　　　　　　　)
⑥ 해외(나라 밖) (　　　　　　　)
⑦ 문안(안부를 물음) (　　　　　　　)

답
① 植木日(심을 식, 나무 목, 날 일) ② 車道(수레 차, 길 도) ③ 姓名(성 성, 이름 명) ④ 孝女(효도 효, 여자 녀) ⑤ 室內(집 실, 안 내) ⑥ 海外(바다 해, 바깥 외) ⑦ 問安(물을 문, 편안할 안)

31

다음 漢字語의 漢字를 쓰시오.

① 시간(어떤 시각과 시각과의 사이) (   )
② 해군(바다를 지키는 군대) (   )
③ 외출(밖에 나감) (   )
④ 공기(숨쉴 때 마시는 기체) (   )
⑤ 북한(우리나라의 북쪽) (   )

답
① 時間(때 시, 사이 간) ② 海軍(바다 해, 군사 군) ③ 外出(바깥 외, 날 출) ④ 空氣(빌·하늘 공, 기운 기) ⑤ 北韓(북녘 북, 나라 한)

32

다음 문장에 쓰인 밑줄 친 단어에 알맞은 漢字語를 보기에서 찾아 번호를 쓰시오.

ⓐ 速力	ⓑ 藥草	ⓒ 表面	ⓓ 庭園	ⓔ 平野	ⓕ 果然
ⓖ 窓門	ⓗ 美術	ⓘ 安定	ⓙ 心身	ⓚ 國語	ⓛ 家族
ⓜ 夕陽	ⓝ 飮食	ⓞ 道路			

(1) 우리 ①가족은 ②석양을 바라보며 창경궁의 ③정원을 거닐었다.
(2) ④창문으로 바라보는 푸른 하늘이 피곤한 ⑤심신을 ⑥안정시켰다.
(3) ⑦약초의 ⑧표면을 보니 ⑨평야에서 재배한 것이 아니었다.
(4) 지하철의 ⑩속력이 ⑪과연 승용차보다 빨랐다.

① (   )   ② (   )   ③ (   )
④ (   )   ⑤ (   )   ⑥ (   )
⑦ (   )   ⑧ (   )   ⑨ (   )
⑩ (   )   ⑪ (   )

답
① ⓛ 家族(집 가, 겨레 족) ② ⓜ 夕陽(저녁 석, 볕 양) ③ ⓓ 庭園(뜰 정, 동산 원) ④ ⓖ 窓門(창 창, 문 문) ⑤ ⓙ 心身(마음 심, 몸 신) ⑥ ⓘ 安定(편안할 안, 정할 정) ⑦ ⓑ 藥草(약 약, 풀 초) ⑧ ⓒ 表面(겉 표, 낯 면) ⑨ ⓔ 平野(평평할 평, 들 야) ⑩ ⓐ 速力(빠를 속, 힘 력) ⑪ ⓕ 果然(실과 과, 그럴 연)

약자쓰기

33

다음 한자의 略字를 쓰시오.
① 發 (　　)　　② 對 (　　)　　③ 體 (　　)

답
① 発(쏠 발)　② 対(대신·대할 대)　③ 体(몸 체)

34

다음 한자의 略字를 쓰시오.
① 學 (　　)　　② 萬 (　　)　　③ 圖 (　　)

답
① 学(배울 학)　② 万(일만 만)　③ 図(그림 도)

35

다음 한자의 略字를 쓰시오.
① 對 (　　)　　② 體 (　　)　　③ 禮 (　　)

답
① 対(대신·대할 대)　② 体(몸 체)　③ 礼(예도 례)

36

다음 한자의 略字를 쓰시오.
① 萬 (　　)　　② 醫 (　　)　　③ 號 (　　)

답
① 万(일만 만)　② 医(의사·치료할 의)　③ 号(부를 호)

37

다음 한자의 略字를 쓰시오.
① 實 (　　)　　② 區 (　　)　　③ 國 (　　)

답
① 実(열매 실)　② 区(지경 구)　③ 国(나라 국)

한자어의 활용

01. 결합어
02. 한자숙어 및 한자성어 풀이

결합어

서로 뜻이 비슷한 한자끼리 결합되어 유의어를 이룬다거나 서로 뜻이 반대되는 반의어 그리고 비슷한 뜻의 동의어와 음은 같으나 서로 뜻이 다른 동음이의어에 대한 한자발전학습 단원입니다. 이와 관련된 문제유형은 反意語(반의어), 同義語(동의어), 同音異議語(동음이의어)입니다..

1 서로 비슷한 뜻으로 결합된 한자어(類義結合語)

가옥	家	집 가	家		경계	境	지경 경	境	
	屋	집 옥	屋			界	지경 계	界	
가택	家	집 가	家		경쟁	競	다툴 경	競	
	宅	집 택	宅			爭	다툴 쟁	爭	
가곡	歌	노래 가	歌		계산	計	셈할 계	計	
	曲	가락 곡	曲			算	셈할 산	算	
가요	歌	노래 가	歌		고독	孤	외로울 고	孤	
	謠	노래 요	謠			獨	홀로 독	獨	
거대	巨	클 거	巨		공허	空	빌 공	空	
	大	큰 대	大			虛	빌 허	虛	
거주	居	거할 거	居		과거	過	지날 과	過	
	住	살 주	住			去	갈 거	去	
건강	健	튼튼할 건	健		과실	果	열매 과	果	
	康	튼튼할 강	康			實	열매 실	實	
견고	堅	굳셀 견	堅		과실	過	지날 과	過	
	固	굳셀 고	固			失	잃을 실	失	

교훈	敎	가르칠 교	敎			문장	文	글월 문	文		
	訓	가르칠 훈	訓				章	글 장	章		
구비	具	갖출 구	具			법식	法	법 법	法		
	備	갖출 비	備				式	법 식	式		
근본	根	뿌리 근	根			법전	法	법 법	法		
	本	근본 본	本				典	법 전	典		
기술	技	재주 기	技			변화	變	변할 변	變		
	術	재주 술	技				化	될 화	化		
담화	談	말씀 담	談			병사	兵	병사 병	兵		
	話	말씀 화	話				士	병사 사	士		
도달	到	이를 도	到			병졸	兵	병사 병	兵		
	達	이를 달	達				卒	군사 졸	卒		
도로	道	길 도	道			보고	報	알릴 보	報		
	路	길 로	路				告	알릴 고	告		
도착	到	이를 도	到			빈궁	貧	가난할 빈	貧		
	着	붙을 착	着				窮	다할 궁	窮		
도화	圖	그림 도	圖			사고	思	생각할 사	思		
	畫	그림 화	畫				考	생각할 고	考		
말단	末	끝 말	末			사념	思	생각할 사	思		
	端	끝 단	端				念	생각할 념	念		
말미	末	끝 말	末			사상	思	생각할 사	思		
	尾	꼬리 미	尾				想	생각할 상	想		
모범	模	본뜰 모	模			상념	想	생각할 상	想		
	範	법 범	範				念	생각할 념	念		

선별	選	가릴 선	選			육신	肉	몸 육	肉	
	別	다를 별	別				身	몸 신	身	
수림	樹	나무 수	樹			은혜	恩	은혜 은	恩	
	林	수풀 림	林				惠	은혜 혜	惠	
수목	樹	나무 수	樹			음성	音	소리 음	音	
	木	나무 목	木				聲	소리 성	聲	
숭고	崇	높을 숭	崇			의복	衣	옷 의	衣	
	高	높을 고	高				服	옷 복	服	
시초	始	처음 시	始			의사	意	뜻 의	意	
	初	처음 초	初				思	생각할 사	思	
신고	申	납 신	申			의지	意	뜻 의	意	
	告	고할 고	告				志	뜻 지	志	
신체	身	몸 신	身			재화	財	재물 재	財	
	體	몸 체	體				貨	재물 화	貨	
심정	心	마음 심	心			전쟁	戰	싸울 전	戰	
	情	뜻 정	情				爭	다툴 쟁	爭	
안목	眼	눈 안	眼			정류	停	머무를 정	停	
	目	눈 목	目				留	머무를 류	留	
연세	年	해 년	年			종지	終	마칠 종	終	
	歲	해 세	歲				止	그칠 지	止	
영원	永	길 영	永			주거	住	살 주	住	
	遠	멀 원	遠				居	살 거	居	
온난	溫	따뜻할 온	溫			증가	增	더할 증	增	
	暖	따뜻할 난	暖				加	더할 가	加	

지극	至	이를 지	至			퇴거	退	물러날 퇴	退	
	極	지극할 극	極				去	갈 거	去	
지식	知	알 지	知			하천	河	물 하	河	
	識	알 식	識				川	내 천	川	
참여	參	참여할 참	參			한랭	寒	찰 한	寒	
	與	더불 여	與				冷	찰 랭	冷	
청문	聽	들을 청	聽			황제	皇	임금 황	皇	
	聞	들을 문	聞				帝	임금 제	帝	
칭찬	稱	칭찬할 칭	稱			희망	希	바랄 희	希	
	讚	칭찬할 찬	讚				望	바랄 망	望	
토지	土	흙 토	土			환희	歡	기쁠 환	歡	
	地	땅 지	地				喜	기쁠 희	喜	

2 서로 상대되는 뜻으로 결합된 한자어(相對結合語)

가감	加	더할 가	加			개폐	開	열 개	開	
	減	덜 감	減				閉	닫을 폐	閉	
가부	可	옳을 가	可			거래	去	갈 거	去	
	否	아닐 부	否				來	올 래	來	
감고	甘	달 감	甘			경중	輕	가벼울 경	輕	
	苦	쓸 고	苦				重	무거울 중	重	
강산	江	강 강	江			경향	京	서울 경	京	
	山	뫼 산	山				鄕	시골 향	鄕	
강약	强	굳셀 강	强			고락	苦	괴로울 고	苦	
	弱	약할 약	弱				樂	즐거울 락	樂	

고저	高	높을 고	高		내왕	來	올 내(래)	來	
	低	낮을 저	低			往	갈 왕	往	
곡직	曲	굽을 곡	曲		내외	內	안 내	內	
	直	곧을 직	直			外	바깥 외	外	
공과	功	공 공	功		노소	老	늙을 노(로)	老	
	過	허물 과	過			少	젊을 소	少	
공사	公	공평할 공	公		냉열	冷	찰 냉(랭)	冷	
	私	사사 사	私			熱	더울 열	熱	
공수	攻	칠 공	攻		동서	東	동녘 동	東	
	守	지킬 수	守			西	서녘 서	西	
관민	官	벼슬 관	官		동정	動	움직일 동	動	
	民	백성 민	民			靜	고요할 정	靜	
군신	君	임금 군	君		득실	得	얻을 득	得	
	臣	신하 신	臣			失	잃을 실	失	
기침	起	일어날 기	起		다소	多	많을 다	多	
	寢	잠잘 침	寢			少	적을 소	少	
길흉	吉	길할 길	吉		단복	單	홑 단	單	
	凶	흉할 흉	凶			複	겹칠 복	複	
난이	難	어려울 난(란)	難		당락	當	마땅 당	當	
	易	쉬울 이	易			落	떨어질 락	落	
남녀	男	사내 남	男		대소	大	큰 대	大	
	女	계집 녀	女			小	작을 소	小	
남북	南	남녘 남	南		매매	賣	팔 매	賣	
	北	북녘 북	北			買	살 매	買	

명암	明	맑을 명	明			산천	山	뫼 산	山		
	暗	어두울 암	暗				川	내 천	川		
문답	問	물을 문	問			산해	山	뫼 산	山		
	答	대답할 답	答				海	바다 해	海		
문무	文	글월 문	文			상하	上	위 상	上		
	武	굳셀 무	武				下	아래 하	下		
물심	物	만물 물	物			상벌	賞	상줄 상	賞		
	心	마음 심	心				罰	벌 벌	罰		
발착	發	쏠 발	發			선악	善	착할 선	善		
	着	도착할 착	着				惡	악할 악	惡		
본말	本	근본 본	本			선후	先	먼저 선	先		
	末	끝 말	末				後	뒤 후	後		
부부	夫	지아비 부	夫			송영	送	보낼 송	送		
	婦	지어미 부	婦				迎	맞이할 영	迎		
빈부	貧	가난할 빈	貧			수수	授	줄 수	授		
	富	넉넉할 부	富				受	거둘 수	受		
사생	死	죽을 사	死			수화	水	물 수	水		
	生	날 생	生				火	불 화	火		
사제	師	스승 사	師			수지	收	거둘 수	收		
	弟	제자 제	弟				支	줄지	支		
사활	死	죽을 사	死			수족	手	손 수	手		
	活	살 활	活				足	발 족	足		
산하	山	뫼 산	山			순역	順	순할 순	順		
	河	강 하	河				逆	거스를 역	逆		

승부	勝	이길 승	勝		왕복	往	갈 왕	往	
	負	질 부	負			復	돌아올 복	復	
시말	始	처음 시	始		원근	遠	멀 원	遠	
	末	끝 말	末			近	가까울 근	近	
시비	是	이 시	是		유무	有	있을 유	有	
	非	아닐 비	非			無	없을 무	無	
시종	始	처음 시	始		은원	恩	은혜 은	恩	
	終	끝 종	終			怨	원망할 원	怨	
신구	新	새로울 신	新		음양	陰	그늘 음	陰	
	舊	옛 구	舊			陽	볕 양	陽	
심신	心	마음 심	心		이동	異	다를 이	異	
	身	몸 신	身			同	같을 동	同	
안위	安	편안할 안	安		인과	因	인할 인	因	
	危	위태로울 위	危			果	결과 과	果	
애락	哀	슬플 애	哀		일월	日	해 일	日	
	樂	즐거울 락	樂			月	달 월	月	
온랭	溫	따뜻할 온	溫		자매	姉	누이 자	姉	
	冷	찰 랭	冷			妹	아랫누이 매	妹	
언행	言	말씀 언	言		자지	自	부터 자	自	
	行	행할 행	行			至	이를 지	至	
옥석	玉	구슬 옥	玉		자타	自	스스로 자	自	
	石	돌 석	石			他	다를 타	他	
왕래	往	갈 왕	往		장단	長	길 장	長	
	來	올 래	來			短	짧을 단	短	

장병	將	장수 장	將		천지	天	하늘 천	天	
	兵	군사 병	兵			地	땅 지	地	
장졸	將	장수 장	將		초종	初	처음 초	初	
	卒	군사 졸	卒			終	끝날 종	終	
전후	前	앞 전	前		춘추	春	봄 춘	春	
	後	뒤 후	後			秋	가을 추	秋	
조석	朝	아침 조	朝		출결	出	내어놓을 출	出	
	夕	저녁 석	夕			缺	빠질 결	缺	
조손	祖	조상 조	祖		한난	寒	추울 한	寒	
	孫	후손 손	孫			暖	따뜻할 난	暖	
조야	朝	조정 조	朝		허실	虛	빌 허	虛	
	野	성밖 야	野			實	열매 실	實	
존망	存	있을 존	存		해륙	海	바다 해	海	
	亡	없을 망	亡			陸	육지 륙	陸	
주객	主	주인 주	主		형제	兄	맏 형	兄	
	客	손님 객	客			弟	아우 제	弟	
주야	晝	낮 주	晝		흑백	黑	검을 흑	黑	
	夜	밤 야	夜			白	흰 백	白	
증감	增	더할 증	增		흥망	興	흥할 흥	興	
	減	줄어들 감	減			亡	망할 망	亡	
진퇴	進	나아갈 진	進		희비	喜	기쁠 희	喜	
	退	물러날 퇴	退			悲	슬플 비	悲	
집산	集	모을 집	集		희로	喜	기쁠 희	喜	
	散	흩을 산	散			怒	성낼 로	怒	

예상문제풀이

유의결합어

1 다음 漢字의 뜻이 같거나 뜻이 비슷한 漢字를 골라 그 番號를 쓰시오.
① 算 : ㉠ 書 ㉡ 計 ㉢ 養 ㉣ 産
② 木 : ㉠ 實 ㉡ 目 ㉢ 水 ㉣ 樹
③ 考 : ㉠ 善 ㉡ 思 ㉢ 良 ㉣ 告

2 다음 漢字와 音이 같은 漢字를 골라 그 番號를 쓰시오.
① 道 : ㉠ 登 ㉡ 都 ㉢ 獨 ㉣ 待
② 敬 : ㉠ 結 ㉡ 救 ㉢ 輕 ㉣ 建
③ 電 : ㉠ 傳 ㉡ 線 ㉢ 庭 ㉣ 店

3 다음 漢字와 뜻이 같거나 뜻이 비슷한 漢字를 골라 그 番號를 쓰시오.
① 歲 : ㉠ 說 ㉡ 洗 ㉢ 年 ㉣ 日
② 法 : ㉠ 漢 ㉡ 式 ㉢ 注 ㉣ 公
③ 初 : ㉠ 始 ㉡ 代 ㉢ 草 ㉣ 寸

4 다음 漢字와 音이 같은 漢字를 골라 그 番號를 쓰시오.
① 道 : ㉠ 示 ㉡ 度 ㉢ 書 ㉣ 所
② 雨 : ㉠ 五 ㉡ 永 ㉢ 友 ㉣ 洋
③ 勞 : ㉠ 老 ㉡ 利 ㉢ 料 ㉣ 流

정답 및 해설

1. ① ㉡ 計(算:셈할 산, 計:셈할 계)
   ② ㉣ 樹(木:나무 목, 樹:나무 수)
   ③ ㉡ 思(考:생각할 고, 思:생각할 사)

2. ① ㉡ 都(道:길 도, 都:도시 도)
   ② ㉢ 輕(敬:공경할 경, 輕:가벼울 경)
   ③ ㉠ 傳(電:번개 전, 傳:전할 전)

3. ① ㉢ 年(歲:해 세, 年:해 년)
   ② ㉡ 式(法:법 법, 式:법 식)
   ③ ㉠ 始(初:처음 초, 始:처음 시)

4. ① ㉡ 度(道:길 도, 度:법도 도)
   ② ㉢ 友(雨:비 우, 友:벗 우)
   ③ ㉠ 老(勞:일할 로, 老:늙을 로)

5 다음 漢字와 뜻이 같거나 뜻이 비슷한 漢字를 골라 그 番號를 쓰시오.
① 道 : ㉠ 洞 ㉡ 圖 ㉢ 路 ㉣ 理
② 木 : ㉠ 朴 ㉡ 樹 ㉢ 本 ㉣ 相
③ 談 : ㉠ 話 ㉡ 許 ㉢ 課 ㉣ 書

6 다음 漢字와 音이 같은 漢字를 골라 그 番號를 쓰시오.

① 固 : ㉠ 工 ㉡ 高 ㉢ 球 ㉣ 郡
② 窓 : ㉠ 淸 ㉡ 貯 ㉢ 唱 ㉣ 充
③ 鮮 : ㉠ 仙 ㉡ 賞 ㉢ 石 ㉣ 算

7 다음 漢字와 뜻이 같거나 비슷한 漢字를 쓰시오.

① 衣 – (　　　)　　② 河 – (　　　)
③ (　　　) – 初

8 다음 漢字語와 소리는 같으나 뜻이 다른 漢字語를 밑줄 친 뜻에 맞게 쓰시오.
① 首相 : 형님은 <u>수상</u> 스키타기를 좋아합니다.
② 戰船 : 전기는 <u>전선</u>을 통하여 옵니다.
③ 淸算 : 새가 <u>청산</u>에서 노래를 부릅니다.

9 다음 漢字의 類義語를 골라 그 번호를 쓰시오.

① 木 : ㉠ 界 ㉡ 樹 ㉢ 角 ㉣ 果
② 身 : ㉠ 强 ㉡ 光 ㉢ 體 ㉣ 藥

10 다음 漢字의 同音異議語를 골라 그 번호를 쓰시오.

정답 및 해설

5. ① ㉢ 路(道 : 길 도, 路 : 길 로)
   ② ㉡ 樹(木 : 나무 목, 樹 : 나무 수)
   ③ ㉠ 話(談 : 말할 담, 話 : 말할 화)

6. ① ㉡ 高(固 : 굳을 고, 高 : 높을 고)
   ② ㉢ 唱(窓 : 창 창, 唱 : 부를 창)
   ③ ㉠ 仙(鮮 : 고을 선, 仙 : 신선 선)

7. ① 服(衣服 : 옷 의, 옷 복)
   ② 川(河川 : 강 하, 내 천)
   ③ 始(始初 : 처음 시, 처음 초)

8. ① 水上(首相 : 머리 수, 서로 상 / 水上 : 물 수, 위 상)
   ② 電線(戰船 : 싸울 전, 배 선 / 電線 : 번개 전, 줄 선)
   ③ 靑山(淸算 : 맑을 청, 셈 산 / 靑山 : 푸를 청, 뫼 산)

9. ① ㉡ 樹(木 : 나무 목, 樹 : 나무 수)
   ② ㉢ 體(身 : 몸 신, 體 : 몸 체)

10. ① ㉡ 行(幸 : 다행 행, 行 : 다닐 행)
    ② ㉢ 信(新 : 새로울 신, 信 : 믿을 신)

① 幸 : ㉠ 形 ㉡ 行 ㉢ 用 ㉣ 向
② 新 : ㉠ 世 ㉡ 社 ㉢ 信 ㉣ 先

11 다음 漢字와 뜻이 비슷한 유의어를 골라 그 번호를 쓰시오.

① 文 : ㉠ 音 ㉡ 意 ㉢ 章 ㉣ 用
② 圖 : ㉠ 衣 ㉡ 禮 ㉢ 畵 ㉣ 畫

12 다음 漢字와 音이 같은 漢字를 골라 그 번호를 쓰시오.

① 班 : ㉠ 番 ㉡ 半 ㉢ 放 ㉣ 發
② 庭 : ㉠ 正 ㉡ 分 ㉢ 在 ㉣ 昨

13 다음 漢字와 音이 같은 漢字를 보기에서 골라 그 번호를 쓰시오.

| ㉠ 使 | ㉡ 名 | ㉢ 運 | ㉣ 夕 |

① 社 - (   )   ② 席 - (   )

14 다음 漢字와 뜻이 비슷한 漢字를 골라 번호를 쓰시오.

| ㉠ 服 | ㉡ 草 | ㉢ 有 | ㉣ 體 |

① 身 - (   )   ② 衣 - (   )

15 다음 漢字와 소리가 같은 漢字를 골라 그 번호를 쓰시오.

① 班 : ㉠ 果 ㉡ 半 ㉢ 向 ㉣ 銀
② 才 : ㉠ 第 ㉡ 在 ㉢ 李 ㉣ 行
③ 和 : ㉠ 話 ㉡ 對 ㉢ 畵 ㉣ 窓
④ 圖 : ㉠ 金 ㉡ 旗 ㉢ 綠 ㉣ 度

정답 및 해설

11. ① ㉢ 章(文 : 글월 문, 章 : 글 장)
    ② ㉢ 畵(圖 : 그림 도, 畵 : 그림 화)

12. ① ㉡ 半(班 : 나눌 반, 半 : 반 반)
    ② ㉠ 正(庭 : 뜰 정, 正 : 바를 정)

13. ① ㉠ 使(社 : 단체 사, 使 : 하여금 사)
    ② ㉣ 夕(席 : 자리 석, 夕 : 저녁 석)

14. ① ㉣ 體(身 : 몸 신, 體 : 몸 체)
    ② ㉠ 服(依 : 옷 의, 服 : 옷 복)

15. ① ㉡ 半(班 : 나눌 반, 半 : 반 반)
    ② ㉡ 在(才 : 재주 재, 在 : 있을 재)
    ③ ㉠ 話(和 : 말할 화, 話 : 말씀 화)
    ④ ㉣ 度(圖 : 그림 도, 度 : 법도 도)

16 다음 漢字語와 소리는 같으나 뜻이 다른 漢字語를 쓰시오.
(보기참조)

死後 — 事後

① 部族 — (　　)　　② 意識 — (　　)
③ 學歷 — (　　)　　④ 市長 — (　　)

17 다음 漢字와 뜻이 같거나 비슷한 漢字를 쓰시오.
① 道 — (　　)　　② 永 — (　　)
③ 身 — (　　)

18 訓이 같은 漢字를 보기에서 골라 쓰시오.

光	室	語	定	活	文	數	果

① (　　) — 章　　② 算 — (　　)
③ 家 — (　　)　　④ 話 — (　　)

19 다음 漢字와 訓이 같은 漢字를 보기에서 골라 쓰시오.

里	堂	京	畫	道	章

① 書 — (　　)　　② 家 — (　　)
③ 路 — (　　)

20 다음의 漢字와 뜻이 비슷한 한자를 보기에서 골라 쓰시오.

色	畫	本	訓

① 圖 — (　　)　　② 敎 — (　　)

21 다음 漢字와 뜻이 같거나 비슷한 漢字를 쓰시오.
① 根 — (　　)　　② 河 — (　　)
③ 樹 — (　　)

정답 및 해설

16. ① 不足(部族 : 거느릴 부, 겨레 족 / 不足 : 아니 부, 넉넉할 족)
② 衣食(意識 : 뜻 의, 알 식 / 衣食 : 옷 의, 먹을 식)
③ 學力(學歷 : 배울 학, 지낼 력 / 學力 : 배울 학, 힘 력)
④ 市場(市長 : 저자 시, 어른 장 / 市場 : 저자 시, 마당 장)

17. ① 路(道 : 길 도, 路 : 길 로)
② 遠(永 : 영원할 영, 遠 : 멀 원)
③ 體(身 : 몸 신, 體 : 몸 체)

18. ① 文(文 : 글월 문, 章 : 글 장)
② 數(算 : 셈 산, 數 : 셈 수)
③ 室(家 : 집 가, 室 : 집 실)
④ 語(話 : 말할 화, 語 : 말씀 어)

19. ① 章(書 : 글 서, 章 : 글 장)
② 堂(家 : 집 가, 堂 : 집 당)
③ 道(路 : 길 로, 道 : 길 도)

20. ① 畫(圖 : 그림 도, 畫 : 그림 화)
② 訓(敎 : 가르칠 교, 訓 : 가르칠 훈)

21. ① 本(根 : 뿌리 근, 本 : 근본 본)
② 江(河 : 강 하, 江 : 강 강)
③ 木(樹 : 나무 수, 木 : 나무 목)

22 다음 漢字語와 소리는 같으나 뜻이 다른 漢字語를 쓰시오.
① 古典 – (   )   ② 空洞 – (   )
③ 全面 – (   )

상대결합어

23 다음 漢字와 뜻이 상대 또는 반대되는 漢字를 쓰시오.
① 朝 – (   )   ② 冷 – (   )
③ 陸 – (   )   ④ (   ) – 無

24 다음 漢字의 뜻이 相對 또는 反對되는 漢字를 쓰시오.
① 黑 – (   )   ② 舊 – (   )
③ 曲 – (   )   ④ 敗 – (   )

25 다음 漢字와 뜻이 反對 또는 相對되는 漢字를 써서 漢字語를 만드시오.
① 去 – (   )   ② 大 – (   )
③ 晝 – (   )

26 다음 漢字와 뜻이 반대 또는 상대되는 漢字를 쓰시오.
① 黑 – (   )   ② (   ) – 無
③ 去 – (   )   ④ (   ) – 少

27 다음 漢字의 反對語 또는 相對語를 쓰시오.
① 手 – (   )   ② 兄 – (   )
③ 前 – (   )   ④ 內 – (   )

정답 및 해설

22. ① 苦戰(古典: 옛 고, 법 전 / 苦戰: 피로울 고, 싸울 전)
② 公同, 共動, 共同(空洞: 빌 공, 고을 동 / 公同: 공변될 공, 같을 동 / 共動: 함께 공, 움직일 동 / 共同: 함께 공, 같을 동)
③ 前面(全面: 온전할 전, 낯 면 / 前面: 앞 전, 낯 면)

23. ① 夕(朝: 아침 조 ↔ 夕: 저녁 석)
② 溫(冷: 찰 냉 ↔ 溫: 따뜻할 온)
③ 海(陸: 뭍 육 ↔ 海: 바다 해)
④ 有(有: 있을 유 ↔ 無: 없을 무)

24. ① 白(黑: 검을 흑 ↔ 白: 흰 백)
② 新(舊: 옛 구 ↔ 新: 새로울 신)
③ 直(曲: 굽을 곡 ↔ 直: 곧을 직)
④ 勝(敗: 깨뜨릴 패 ↔ 勝: 이길 승)

25. ① 來(去: 갈 거 ↔ 來: 올 래)
② 小(大: 큰 대 ↔ 小: 작을 소)
③ 夜(晝: 낮 주 ↔ 夜: 밤 야)

26. ① 白(黑: 검을 흑 ↔ 白: 흰 백)
② 有(有: 있을 유 ↔ 無: 없을 무)
③ 來(去: 갈 거 ↔ 來: 올 래)
④ 老(老: 늙을 노 ↔ 少: 젊을 소)

27. ① 足(手: 손 수 ↔ 足: 발 족)
② 弟(兄: 맏 형 ↔ 弟: 아우 제)
③ 後(前: 앞 전 ↔ 後: 뒤 후)
④ 外(內: 안 내 ↔ 外: 바깥 외)

28 다음 漢字의 反對語 또는 相對語를 보기에서 번호를 골라 쓰시오.

| ㉠ 樂 | ㉡ 戰 | ㉢ 中 |
| ㉣ 夜 | ㉤ 少 | ㉥ 小 |

① 苦 - (   )   ② 晝 - (   )
③ 老 - (   )

정답 및 해설

28. ① ㉠ 樂(苦 : 괴로울 고↔樂 : 즐거울 락)
② ㉣ 夜(晝 : 낮 주↔夜 : 밤 야)
③ ㉤ 少(老 : 늙을 노↔少 : 젊을 소)

29 다음 漢字의 反對語 또는 相對語를 쓰시오.

① 朝 - (   )   ② 前 - (   )
③ 兄 - (   )   ④ 問 - (   )

29. ① 夕(朝 : 아침 조↔夕 : 저녁 석)
② 後(前 : 앞 전↔後 : 뒤 후)
③ 弟(兄 : 맏 형↔弟 : 아우 제)
④ 答(問 : 물을 문↔答 : 대답할 답)

30 다음 漢字의 反意語 또는 相對語를 보기에서 찾아 번호를 쓰시오.

| ㉠ 遠 | ㉡ 長 | ㉢ 言 | ㉣ 形 | ㉤ 後 |

① (   ) - 行   ② (   ) - 近
③ (   ) - 短

30. ① ㉢ 言(言 : 말씀 언↔行 : 행할 행)
② ㉠ 遠(遠 : 멀 원↔近 : 가까울 근)
③ ㉡ 長(長 : 길 장↔短 : 짧을 단)

31 다음 漢字와 반대 또는 상대되는 漢字를 쓰시오.

① 男 - (   )   ② (   ) - 入
③ 上 - (   )   ④ (   ) - 右

31. ① 女(男 : 사내 남↔女 : 여자 녀)
② 出(出 : 날 출↔入 : 들 입)
③ 下(上 : 위 상↔下 : 아래 하)
④ 左(左 : 왼 좌↔右 : 오른 우)

32 다음 漢字의 반대 또는 상대되는 한자를 보기에서 골라 번호를 쓰시오.

| ㉠ 後 | ㉡ 長 | ㉢ 答 | ㉣ 間 | ㉤ 行 |

① 問 - (   )   ② 前 - (   )
③ 言 - (   )

32. ① ㉢ 答(問 : 물을 문↔答 : 대답할 답)
② ㉠ 後(前 : 앞 전↔後 : 뒤 후)
③ ㉤ 行(言 : 말씀 언↔行 : 행할 행)

33 다음 漢字와 뜻이 반대되는 漢字를 골라 그 번호를 쓰시오.

① 多 － (   ) : ㉠ 小 ㉡ 少 ㉢ 有 ㉣ 平
② (   ) － 短 : ㉠ 長 ㉡ 寸 ㉢ 後 ㉣ 界
③ 兄 － (   ) : ㉠ 古 ㉡ 子 ㉢ 主 ㉣ 弟

34 뜻이 서로 반대(상대)되는 漢字를 쓰시오.

① 手 － (   )   ② 春 － (   )
③ 老 － (   )

35 다음 漢字와 뜻이 반대 또는 상대되는 漢字를 쓰시오.
① 與 － (   )   ② 勞 － (   )
③ 大 － (   )

36 다음 漢字와 뜻이 유의하거나 상대되는 한자를 보기에서 골라 그 번호를 쓰시오.

| ㉠ 夜 | ㉡ 洋 | ㉢ 弱 |
| ㉣ 死 | ㉤ 長 | ㉥ 里 |

(1) 유 의
① 海 － (   )   ② 村 － (   )

(2) 상 대
③ 强 － (   )   ④ 晝 － (   )
⑤ 生 － (   )   ⑥ (   ) － 短

37 뜻이 서로 반대나 상대어인 漢字를 보기에서 골라 번호를 쓰시오.

| ㉠ 秋 | ㉡ 苦 | ㉢ 死 | ㉣ 弱 | ㉤ 冬 |
| ㉥ 亡 | ㉦ 動 | ㉧ 朝 | ㉨ 短 | ㉩ 前 |

① (   ) － 樂   ② 生 － (   )

정답 및 해설

33. ① ㉡(多 : 많을 다 ↔ 少 : 적을 소)
② ㉠(長 : 긴 장 ↔ 短 : 짧을 단)
③ ㉣(兄 : 맏 형 ↔ 弟 : 아우 제)

34. ① 足(手 : 손 수 ↔ 足 : 발 족)
② 秋(春 : 봄 춘 ↔ 秋 : 가을 추)
③ 少(老 : 늙을 노 ↔ 少 : 젊을 소)

35. ① 受(與 : 줄 여 ↔ 受 : 받을 수)
② 遊(勞 : 힘쓸 노 ↔ 遊 : 놀 유)
③ 小(大 : 큰 대 ↔ 小 : 작을 소)

36. ① ㉡(海 : 바다 해, 洋 : 큰바다 양)
② ㉥(村 : 마을 촌, 里 : 마을 리)
③ ㉢(强 : 굳셀 강 ↔ 弱 : 약할 약)
④ ㉠(晝 : 낮 주 ↔ 夜 : 밤 야)
⑤ ㉣(生 : 살 생 ↔ 死 : 죽을 사)
⑥ ㉤(長 : 긴 장 ↔ 短 : 짧을 단)

37. ① ㉡(苦 : 괴로울 고 ↔ 樂 : 즐거울 락)
② ㉢(生 : 살 생 ↔ 死 : 죽을 사)
③ ㉠(春 : 봄 춘 ↔ 秋 : 가을 추)
④ ㉣(强 : 굳셀 강 ↔ 弱 : 약할 약)
⑤ ㉧(朝 : 아침 조 ↔ 夕 : 저녁 석)

③ 春 - (　　　)　　④ 强 - (　　　)
⑤ (　　　) - 夕

38 다음 漢字와 뜻이 반대 또는 상대되는 漢字를 쓰시오.
① 老 - (　　　)　　② 去 - (　　　)
③ 短 - (　　　)

39 다음 漢字와 뜻이 반대 또는 상대되는 漢字를 쓰시오.
① 先 - (　　　)　　② 夕 - (　　　)
③ 秋 - (　　　)　　④ 少 - (　　　)
⑤ 答 - (　　　)

40 다음 漢字와 뜻이 반대 또는 상대되는 漢字를 쓰시오.
① 兄 - (　　　)　　② 舊 - (　　　)
③ 老 - (　　　)　　④ 畫 - (　　　)
⑤ 問 - (　　　)

41 다음 漢字와 뜻이 반대 또는 상대되는 漢字를 골라 쓰시오.

| 始 | 舊 | 重 | 善 | 落 |

① 輕 - (　　　)　　② 當 - (　　　)
③ 末 - (　　　)　　④ 新 - (　　　)
⑤ 惡 - (　　　)

42 다음 漢字의 반대어(또는 상대어)를 쓰시오.
① (　　　) - 短　　② 老 - (　　　)
③ 父 - (　　　)　　④ 上 - (　　　)
⑤ 山 - (　　　)

정답 및 해설

38. ① 少(老: 늙을 노↔少: 젊을 소)
② 來(去: 갈 거↔來: 올 래)
③ 長(短: 짧을 단↔長: 긴 장)

39. ① 後(先: 먼저 선↔後: 뒤 후)
② 朝(夕: 저녁 석↔朝: 아침 조)
③ 春(秋: 가을 추↔春: 봄 춘)
④ 多, 老(少: 적을 소↔多: 많을 다/少: 젊을 소↔老: 늙을 노)
⑤ 問(答: 대답할 답↔問: 물을 문)

40. ① 弟(兄: 맏 형↔弟: 아우 제)
② 新(舊: 옛 구↔新: 새로울 신)
③ 少(老: 늙을 노↔少: 젊을 소)
④ 夜(晝: 낮 주↔夜: 밤 야)
⑤ 答(問: 물을 문↔答: 대답할 답)

41. ① 重(輕: 가벼울 경↔重: 무거울 중)
② 落(當: 당선될 당↔落: 떨어질 락)
③ 始(末: 끝 말↔始: 처음 시)
④ 舊(新: 새로울 신↔舊: 옛 구)
⑤ 善(惡: 악할 악↔善: 착할 선)

42. ① 長(長: 긴 장↔短: 짧을 단)
② 少(老: 늙을 노↔少: 젊을 소)
③ 母(父: 아비 부↔母: 어미 모)
④ 下(上: 위 상↔下: 아래 하)
⑤ 川(山: 뫼 산↔川: 내 천)

한자숙어 및 한자성어풀이

완성형 및 한자숙어에 활용할 수 있는 한자학습을 위한 단원입니다. 한자성어풀이에서는 한자성어를 예문으로 제시하여 그 예문에 적절한 한자를 쓰는 완성형 문제 등이 출제됩니다. 소리내어 읽으며 하나하나 놓치지 말고 익히시기 바랍니다. 한자읽기에서 익힌 한자들을 충분히 활용할 수 있도록 하세요.

1 다음의 단어들은 독음문제 및 완성형에 활용될 수 있는 단어들입니다.

加減(가감)	簡單(간단)	監察(감찰)	開場(개장)
價格(가격)	看病(간병)	甘草(감초)	開拓(개척)
可決(가결)	看守(간수)	感歎(감탄)	個體(개체)
歌劇(가극)	看板(간판)	敢行(감행)	改築(개축)
可望(가망)	看護(간호)	減刑(감형)	開閉(개폐)
可否(가부)	間或(간혹)	感化(감화)	客席(객석)
家事(가사)	感覺(감각)	甲富(갑부)	客主(객주)
假像(가상)	感激(감격)	甲種(갑종)	客地(객지)
假說(가설)	監禁(감금)	甲板(갑판)	客車(객차)
歌手(가수)	感氣(감기)	强健(강건)	更生(갱생)
加熱(가열)	監督(감독)	講壇(강단)	更新(갱신)
歌謠(가요)	感動(감동)	講堂(강당)	擧動(거동)
假裝(가장)	減量(감량)	降等(강등)	巨富(거부)
家族(가족)	監房(감방)	講論(강론)	健康(건강)
價値(가치)	感服(감복)	講習(강습)	建物(건물)
各界(각계)	感謝(감사)	强要(강요)	健實(건실)
刻苦(각고)	感想(감상)	降雨(강우)	健全(건전)
各其(각기)	減速(감속)	講座(강좌)	檢問(검문)
覺書(각서)	監視(감시)	江湖(강호)	檢査(검사)
刻印(각인)	減額(감액)	開發(개발)	檢算(검산)
各自(각자)	監獄(감옥)	開放(개방)	儉素(검소)
各種(각종)	減員(감원)	個別(개별)	檢印(검인)
各層(각층)	感電(감전)	開設(개설)	激怒(격노)
簡潔(간결)	感情(감정)	個性(개성)	格式(격식)
看過(간과)	甘酒(감주)	開院(개원)	格言(격언)

激情(격정)	繼承(계승)	過激(과격)	權能(권능)
見聞(견문)	係員(계원)	科目(과목)	權利(권리)
見學(견학)	季節(계절)	果然(과연)	權勢(권세)
結果(결과)	階層(계층)	科學(과학)	權威(권위)
缺禮(결례)	系統(계통)	關係(관계)	權益(권익)
結論(결론)	計劃(계획)	觀念(관념)	勸學(권학)
潔白(결백)	高潔(고결)	觀覽(관람)	歸家(귀가)
缺席(결석)	故國(고국)	管理(관리)	歸結(귀결)
結緣(결연)	高貴(고귀)	關心(관심)	歸路(귀로)
缺員(결원)	苦難(고난)	觀察(관찰)	歸依(귀의)
缺點(결점)	孤獨(고독)	官廳(관청)	貴族(귀족)
決鬪(결투)	苦樂(고락)	鑛物(광물)	歸鄕(귀향)
決判(결판)	考慮(고려)	廣場(광장)	歸還(귀환)
結婚(결혼)	孤立(고립)	校監(교감)	規格(규격)
境界(경계)	告訴(고소)	教壇(교단)	規模(규모)
警戒(경계)	固守(고수)	交易(교역)	規範(규범)
警告(경고)	孤兒(고아)	教卓(교탁)	均等(균등)
經過(경과)	固有(고유)	口頭(구두)	均一(균일)
經歷(경력)	故意(고의)	具備(구비)	極東(극동)
敬禮(경례)	高低(고저)	構想(구상)	極烈(극렬)
經路(경로)	固定(고정)	構成(구성)	劇本(극본)
競賣(경매)	考察(고찰)	舊式(구식)	劇場(극장)
經費(경비)	高層(고층)	救援(구원)	極盡(극진)
慶事(경사)	苦痛(고통)	句節(구절)	極致(극치)
輕視(경시)	故鄕(고향)	救濟(구제)	根據(근거)
競演(경연)	穀類(곡류)	構造(구조)	勤儉(근검)
經營(경영)	穀物(곡물)	求婚(구혼)	筋力(근력)
競走(경주)	曲線(곡선)	國家(국가)	勤勞(근로)
警察(경찰)	曲直(곡직)	國境(국경)	勤勉(근면)
慶祝(경축)	困難(곤란)	國旗(국기)	勤務(근무)
景致(경치)	骨格(골격)	國論(국론)	筋肉(근육)
京鄕(경향)	骨材(골재)	局限(국한)	錦江(금강)
警護(경호)	攻擊(공격)	軍隊(군대)	金庫(금고)
階級(계급)	工具(공구)	群衆(군중)	金屬(금속)
階段(계단)	攻勢(공세)	屈曲(굴곡)	金額(금액)
鷄卵(계란)	攻守(공수)	屈伏(굴복)	禁煙(금연)
計量(계량)	空冊(공책)	屈折(굴절)	金錢(금전)
繼續(계속)	空港(공항)	屈指(굴지)	禁止(금지)

急增(급증)	團結(단결)	到來(도래)	論據(논거)
機關(기관)	段階(단계)	圖書(도서)	論議(논의)
機具(기구)	斷郊(단교)	到着(도착)	料金(요금)
器具(기구)	檀君(단군)	圖表(도표)	流行(유행)
紀念(기념)	斷念(단념)	逃避(도피)	陸上(육상)
期待(기대)	單獨(단독)	圖形(도형)	利害(이해)
記錄(기록)	斷面(단면)	獨島(독도)	馬車(마차)
起立(기립)	斷續(단속)	獨立(독립)	滿開(만개)
技法(기법)	單純(단순)	洞窟(동굴)	滿船(만선)
起伏(기복)	斷絶(단절)	洞里(동리)	滿點(만점)
基本(기본)	端正(단정)	冬眠(동면)	滿足(만족)
寄附(기부)	團體(단체)	同業(동업)	末端(말단)
寄生(기생)	短縮(단축)	童謠(동요)	望鄕(망향)
技術(기술)	短篇(단편)	銅錢(동전)	面積(면적)
氣壓(기압)	達辯(달변)	同胞(동포)	面接(면접)
記憶(기억)	達成(달성)	頭髮(두발)	面會(면회)
紀元(기원)	擔當(담당)	頭痛(두통)	名單(명단)
奇蹟(기적)	談笑(담소)	得勢(득세)	命脈(명맥)
基礎(기초)	擔任(담임)	登極(등극)	名節(명절)
奇形(기형)	談判(담판)	登壇(등단)	毛髮(모발)
機會(기회)	當選(당선)	落第(낙제)	模範(모범)
吉日(길일)	黨首(당수)	亂局(난국)	毛織(모직)
吉凶(길흉)	當然(당연)	朗報(낭보)	模唱(모창)
羅列(나열)	黨派(당파)	來賓(내빈)	牧童(목동)
煖房(난방)	大陸(대륙)	冷情(냉정)	沐浴(목욕)
難易(난이)	對面(대면)	糧穀(양곡)	牧場(목장)
南極(남극)	代辯(대변)	旅路(여로)	妙技(묘기)
男便(남편)	對比(대비)	旅行(여행)	妙案(묘안)
納稅(납세)	隊列(대열)	歷史(역사)	妙藥(묘약)
納入(납입)	待遇(대우)	連帶(연대)	墓域(묘역)
內包(내포)	待接(대접)	領收(영수)	墓地(묘지)
念慮(염려)	大衆(대중)	禮式(예식)	武功(무공)
努力(노력)	大破(대파)	禮節(예절)	武器(무기)
論說(논설)	大便(대변)	勞動(노동)	武術(무술)
論爭(논쟁)	對抗(대항)	勞資(노자)	無心(무심)
農耕(농경)	渡江(도강)	綠色(녹색)	貿易(무역)
能率(능률)	盜難(도난)	錄音(녹음)	武藝(무예)
多情(다정)	到達(도달)	錄畵(녹화)	問題(문제)

文學(문학)	別稱(별칭)	不吉(불길)	書藝(서예)
美觀(미관)	病勢(병세)	悲劇(비극)	選擧(선거)
未納(미납)	病患(병환)	比例(비례)	宣敎(선교)
密林(밀림)	保健(보건)	碑銘(비명)	宣傳(선전)
博士(박사)	寶庫(보고)	碑文(비문)	選擇(선택)
博識(박식)	保管(보관)	秘密(비밀)	說得(설득)
博愛(박애)	普及(보급)	碑石(비석)	設立(설립)
拍子(박자)	寶物(보물)	悲痛(비통)	說明(설명)
拍車(박차)	保存(보존)	批判(비판)	省墓(성묘)
博學(박학)	補充(보충)	批評(비평)	盛裝(성장)
反共(반공)	普通(보통)	貧困(빈곤)	成績(성적)
反省(반성)	保險(보험)	射擊(사격)	性質(성질)
班長(반장)	保護(보호)	私見(사견)	世態(세태)
發達(발달)	伏兵(복병)	思考(사고)	細胞(세포)
發源(발원)	復習(복습)	謝過(사과)	所聞(소문)
發砲(발포)	複雜(복잡)	謝禮(사례)	素服(소복)
發表(발표)	服從(복종)	思慕(사모)	小說(소설)
方位(방위)	腹痛(복통)	射殺(사살)	掃除(소제)
防衛(방위)	本質(본질)	辭讓(사양)	所持(소지)
方正(방정)	奉仕(봉사)	謝恩(사은)	素質(소질)
放出(방출)	不當(부당)	辭意(사의)	屬國(속국)
防彈(방탄)	部隊(부대)	辭典(사전)	速達(속달)
背景(배경)	負傷(부상)	辭職(사직)	俗談(속담)
配達(배달)	不足(부족)	舍宅(사택)	俗說(속설)
配慮(배려)	部下(부하)	山脈(산맥)	續出(속출)
百科(백과)	復活(부활)	散文(산문)	損傷(손상)
範圍(범위)	復興(부흥)	散會(산회)	頌歌(송가)
犯人(범인)	北方(북방)	殺生(살생)	頌德(송덕)
法則(법칙)	忿怒(분노)	商街(상가)	修交(수교)
壁紙(벽지)	憤怒(분노)	商工(상공)	守舊(수구)
壁畵(벽화)	分擔(분담)	相殺(상살)	收金(수금)
變更(변경)	分類(분류)	常識(상식)	受難(수난)
邊境(변경)	分配(분배)	傷心(상심)	收納(수납)
變德(변덕)	粉食(분식)	上映(상영)	手段(수단)
變動(변동)	粉乳(분유)	賞狀(상장)	秀麗(수려)
辨明(변명)	分錢(분전)	商標(상표)	授受(수수)
便所(변소)	不潔(불결)	狀況(상황)	手術(수술)
別味(별미)	佛經(불경)	省略(생략)	樹液(수액)

同窓會(동창회)	油印物(유인물)	各個各層(각개각층)	百科事典(백과사전)
兩面紙(양면지)	飲料水(음료수)	刻骨難忘(각골난망)	百發百中(백발백중)
旅客機(여객기)	應接室(응접실)	各人各色(각인각색)	白衣民族(백의민족)
旅客船(여객선)	義兄弟(의형제)	感氣操心(감기조심)	百戰百勝(백전백승)
旅人宿(여인숙)	日記帳(일기장)	甘言利說(감언이설)	法治國家(법치국가)
烈女門(열녀문)	自負心(자부심)	甲男乙女(갑남을녀)	不快指數(불쾌지수)
領收證(영수증)	自轉車(자전거)	擧手敬禮(거수경례)	私利私慾(사리사욕)
老弱者(노약자)	自尊心(자존심)	見習記者(견습기자)	三寒四溫(삼한사온)
利己的(이기적)	奬學金(장학금)	決死反對(결사반대)	相扶相助(상부상조)
賣票所(매표소)	在庫品(재고품)	結草報恩(결초보은)	先見之明(선견지명)
牧草地(목초지)	再昨年(재작년)	輕擧妄動(경거망동)	視力檢査(시력검사)
無關心(무관심)	貯水池(저수지)	敬老孝親(경로효친)	始終一貫(시종일관)
無窮花(무궁화)	展開圖(전개도)	高麗時代(고려시대)	弱肉强食(약육강식)
無防備(무방비)	停車場(정거장)	公共料金(공공요금)	漁父之利(어부지리)
無聲音(무성음)	濟州道(제주도)	公明正大(공명정대)	熱帶氣候(열대기후)
民願室(민원실)	製鐵所(제철소)	公衆道德(공중도덕)	牛耳讀經(우이독경)
博覽會(박람회)	彫刻品(조각품)	交通整理(교통정리)	運動神經(운동신경)
班常會(반상회)	造船所(조선소)	球技種目(구기종목)	衛星都市(위성도시)
白日場(백일장)	宗主國(종주국)	國會議員(국회의원)	類類相從(유유상종)
辯護士(변호사)	罪責感(죄책감)	極樂世界(극락세계)	應急患者(응급환자)
步行者(보행자)	住宅街(주택가)	近墨者黑(근묵자흑)	異口同聲(이구동성)
復古風(복고풍)	周波數(주파수)	今始初聞(금시초문)	日氣豫報(일기예보)
副作用(부작용)	準決勝(준결승)	金枝玉葉(금지옥엽)	一致團結(일치단결)
不分明(불분명)	指揮官(지휘관)	南北統一(남북통일)	慈善事業(자선사업)
非賣品(비매품)	採石場(채석장)	多多益善(다다익선)	貯金通帳(저금통장)
非常金(비상금)	鐵工所(철공소)	擔任先生(담임선생)	電話番號(전화번호)
飛行機(비행기)	鐵鑛石(철광석)	大同小異(대동소이)	精神統一(정신통일)
産油國(산유국)	靑一點(청일점)	大量生産(대량생산)	正正堂堂(정정당당)
常備藥(상비약)	初步者(초보자)	同苦同樂(동고동락)	晝耕夜讀(주경야독)
生産量(생산량)	築造物(축조물)	冷帶氣候(냉대기후)	竹馬故友(죽마고우)
先覺者(선각자)	脫衣室(탈의실)	兩者擇一(양자택일)	中繼放送(중계방송)
先進國(선진국)	探査團(탐사단)	類萬不同(유만부동)	草家三間(초가삼간)
先着順(선착순)	太極旗(태극기)	離散家族(이산가족)	特別活動(특별활동)
視聽覺(시청각)	核實驗(핵실험)	立身揚名(입신양명)	破竹之勢(파죽지세)
食水難(식수난)	核爆彈(핵폭탄)	無線電話(무선전화)	憲法制定(헌법제정)
養鷄場(양계장)	紅一點(홍일점)	無用之物(무용지물)	護國安保(호국안보)
養護室(양호실)	後百濟(후백제)	物心兩面(물심양면)	華麗江山(화려강산)
演技者(연기자)	喜消息(희소식)	背恩忘德(배은망덕)	喜怒哀樂(희노애락)

2 다음 한자어의 숙어나 성어의 뜻을 숙지해, 쓰기 및 완성형 문제에 활용해 보세요.

家具	家具						
가구	집안 살림에 쓰이는 기구						

可能	可能						
가능	할 수 있음						

家屋	家屋						
가옥	사람이 사는 집						

家庭	家庭						
가정	한 가족이 살림하고 있는 집 안						

家族	家族						
가족	부부를 기초로 하여 한 가정을 이루는 사람들						

簡潔	簡潔						
간결	간단하고 깨끗함						

感情	感情						
감정	느끼어 일어나는 심정						

感歎	感歎						
감탄	감동하여 탄식함						

敢行	敢行						
감행	과감하게 행함						

降等	降等						
강등	등급·계급이 내려 감						

改良	改良						
개량	고치어 좋게 함						

改善	改善						
개선	고치어 좋게 함						

巨富	巨富						
거부	큰 부자						

拒絶	拒絶						
거절	응낙하지 않고 물리침						

居處	居處						
거처	사는 곳						

健康	健康						
건강	몸에 탈이 없고 튼튼함						

建築	建築						
건축	집·건물·다리 등을 세워 지음						

傑作	傑作						
걸작	뛰어난 작품						

結末	結末						
결말	어떤 일의 마지막						

敬禮	敬禮						
경례	경의를 표하기 위해 인사하는 일						

競爭	競爭						
경쟁	같은 목적에 관하여 서로 겨루어 다툼						

競走	競走						
경주	다투어 달림						

輕快	輕快						
경쾌	마음이 홀가분하고 상쾌함						

告白	告白						
고백	숨김없이 사실대로 말함						

故鄕	故鄕						
고향	자기가 나서 자라난 곳						

曲線	曲線						
곡선	부드럽게 구부러진 선						

空氣	空氣						
공기	공중의 대기						

公正	公正						
공정	공평하고 올바름						

公害	公害						
공해	환경을 해치는 것						

過勞	過勞						
과로	지나치게 일하여 고달픔						

科目	科目						
과목	학문의 구분						

課題	課題						
과제	주어진 문제나 의무						

觀光	觀光						
관광	다른 나라의 문물제도를 시찰함						

觀心	觀心						
관심	마음이 있음						

廣告	廣告						
광고	널리 선전하여 알림						

廣場	廣場						
광장	넓은 마당						

校門	校門						
교문	학교의 정문						

敎育	敎育						
교육	가르쳐 기름						

校長	校長						
교장	학교의 제일 어른						

敎訓	敎訓						
교훈	가르쳐 지도하고 타이름						

國防	國防						
국방	나라를 지킴						

規則	規則						
규칙	여러 사람이 다 같이 지키기로 작정한 법칙						

禁止	禁止						
금지	말려서 하지 못하게 함						

給水	給水						
급수	물을 공급함						

急行	急行						
급행	급하게 감						

技能	技能					
기능	기술상의 재능					

記錄	記錄					
기록	사실을 적는 일					

基本	基本					
기본	사물의 기초와 근본					

汽船	汽船					
기선	증기힘으로 운행하는 배의 총칭					

汽車	汽車					
기차	증기기관을 원동력으로 하여 궤도 위를 운행하는 차량					

落書	落書					
낙서	장난으로 아무데나 함부로 글자를 씀					

落葉	落葉					
낙엽	떨어지는 나뭇잎					

南海	南海					
남해	남쪽 바다					

朗讀	朗讀					
낭독	소리내어 읽음					

内陸	内陸						
내륙	육지 안							

内容	内容						
내용	사물의 속에 들어 있는 것						

勞動	勞動						
노동	마음과 몸을 써서 일을 함						

勞力	勞力						
노력	힘들여 일함						

農事	農事						
농사	농작물을 재배하는 일						

雷聲	雷聲						
뇌성	천둥치는 소리						

團結	團結						
단결	많은 사람이 함께 뭉침						

團束	團束						
단속	규칙·명령·법령 등을 잘 지키도록 통제함						

達成	達成						
달성	목적한 바를 이룸						

當選	當選						
당선	선거에서 선출됨						

大量	大量						
대량	많은 분량						

大陸	大陸						
대륙	크고 넓은 땅						

對話	對話						
대화	서로 말을 주고 받음						

宅內	宅內						
댁내	남의 집안의 존칭						

道具	道具						
도구	일에 쓰이는 여러 가지 연장						

道德	道德						
도덕	사람이 마땅히 해야 할 바른 길						

圖書	圖書						
도서	글씨·그림·서적 따위의 총칭						

都市	都市						
도시	도회지						

都邑	都邑					
도읍	서울 수도를 정함					

獨立	獨立					
독립	남에게 의지하지 않고 홀로 섬					

獨唱	獨唱					
독창	혼자서 노래를 부름					

同胞	同胞					
동포	같은 겨레					

頭目	頭目					
두목	여러 사람 중 우두머리가 되는 사람					

登校	登校					
등교	학교에 나감					

賣買	賣買					
매매	물건을 팔고 삼					

名單	名單					
명단	어떤 일에 관계된 사람의 이름을 적은 표					

名山	名山					
명산	이름난 산					

明暗	明暗					
명암	밝음과 어둠					

名稱	名稱					
명칭	사물을 부르는 이름					

木材	木材					
목재	건축에 쓰이는 나무의 재료					

武器	武器					
무기	전쟁에 쓰이는 온갖 기구					

無禮	無禮					
무례	예의가 없음					

無情	無情					
무정	정이 없음					

問病	問病					
문병	환자를 찾아보고 위로 함					

問安	問安					
문안	웃어른께 안부를 여쭘					

物價	物價					
물가	물건의 값					

美化	美化						
미화	아름답게 꾸밈							

密告	密告						
밀고	남몰래 넌지시 일러바침						

拍手	拍手						
박수	손뼉을 침						

反對	反對						
반대	남의 말이나 의견을 찬성하지 아니함						

發見	發見						
발견	남이 미처 보지 못한 사물을 먼저 찾아냄						

放送	放送						
방송	전파로 소식 등을 보도						

倍加	倍加						
배가	곱절로 증가						

倍數	倍數						
배수	갑절이 되는 수						

白雪	白雪						
백설	흰 눈						

番號	番號						
번호	차례를 나타내는 호수						

法規	法規						
법규	법률의 규정						

法則	法則						
법칙	꼭 지켜야만 하는 규범						

變更	變更						
변경	바꾸어서 고침						

變身	變身						
변신	몸의 모양을 바꿈						

變化	變化						
변화	사물의 모양·성질 등이 달라짐						

病名	病名						
병명	병의 이름						

寶物	寶物						
보물	보배로운 물건						

本部	本部						
본부	한 기관의 중심이 되는 조직						

奉仕	奉仕						
봉사	남의 뜻을 받들어 섬김							

奉養	奉養						
봉양	부모를 받들어 모심						

富强	富强						
부강	백성이 부유하고 군사가 강함						

富貴	富貴						
부귀	부유하고 고귀함						

部隊	部隊						
부대	군사의 무리						

不足	不足						
부족	넉넉하지 못함						

部下	部下						
부하	남의 밑에 딸리어 그의 명령에 따라 움직이는 사람						

北風	北風						
북풍	북쪽에서 불어오는 바람						

非凡	非凡						
비범	보통이 아니고 매우 뛰어남						

鼻音	鼻音						
비음	콧소리						

比重	比重						
비중	그 집단이나 사물에서 차지하는 중요한 정도						

貧富	貧富						
빈부	가난함과 부유함						

事故	事故						
사고	뜻밖에 일어난 일이나 탈						

思想	思想						
사상	생각						

社長	社長						
사장	회사의 우두머리						

寫眞	寫眞						
사진	카메라로 물체의 형상을 찍는 일						

相談	相談						
상담	서로 의논함						

上陸	上陸						
상륙	배에서 육지로 오름						

想像	想像					
상상	마음속으로 그리며 미루어 생각함					

商人	商人					
상인	장사하는 사람					

賞狀	賞狀					
상장	상 주는 뜻을 표하여 주는 증서					

商店	商店					
상점	여러 가지 물건을 파는 가게의 총칭					

商品	商品					
상품	팔고 사는 물품					

生産	生産					
생산	물건 등을 만들어 냄					

生前	生前					
생전	살아있는 동안					

書類	書類					
서류	어떤 내용을 적은 문서					

席次	席次					
석차	성적의 차례					

3 한자성어풀이

- 苛斂誅求(가렴주구) : 세금 같은 것을 가혹하게 징수함
- 刻骨難忘(각골난망) : 남의 은혜가 뼈까지 사무쳐 잊혀지지 않음 ↔ 背恩忘德(배은망덕)
- 刻舟求劍(각주구검) : 칼을 찾으려고 물 위에서 배에다 표시함. 즉 사람이 미련해서 시류의 흐름을 모르고 융통성이 없음
- 甘呑苦吐(감탄고토) : 자기에게 이로우면 하고 필요없는 것은 배척하는 이기주의적인 태도
- 康衢煙月(강구연월) : 태평한 세상의 평화스러운 풍경
- 牽强附會(견강부회) : 가당치 않은 말을 억지로 끌어다가 맞는가를 먼저 생각함
- 見蚊拔劍(견문발검) : 하찮은 일에 발끈 성을 내는 소견 좁은 사람 → 怒蠅拔劍(노승발검)
- 傾國之色(경국지색) : 나라를 기울게 할만큼 용모가 빼어난 절세의 미인
- 鷄卵有骨(계란유골) : 늘 일이 안되는 사람이 모처럼 좋은 기회를 만났으나 역시 잘 안됨
- 姑息之計(고식지계) : 일시적으로 편안하고자 생각해 낸 꾀
- 孤掌難鳴(고장난명) : 손바닥 하나로 소리를 내지 못한다는 뜻으로, 상대가 없이는 무슨 일이나 이루어지기 어려움
- 苦盡甘來(고진감래) : 고생 끝에 낙이 온다는 말 ↔ 興盡悲來(흥진비래)
- 曲學阿世(곡학아세) : 정도(正道)를 벗어난 학문으로 세상의 속물들에게 아부함
- 管鮑之交(관포지교) : 지극히 친밀한 교제 관계
- 刮目相對(괄목상대) : 남의 학식이나 재주가 갑자기 늘어난 것에 놀람
- 矯角殺牛(교각살우) : 뿔을 바로잡으려다가 소를 죽임. 곧 조그만 일을 고치려다 큰일을 그르침 → 小貪大失(소탐대실)
- 巧言令色(교언영색) : 교묘한 말과 상냥한 얼굴빛. 곧 아첨하는 언행을 뜻함
- 群鷄一鶴(군계일학) : 평범한 사람 가운데 유독 뛰어난 사람
- 近墨者黑(근묵자흑) : 먹을 가까이하면 검어짐. 나쁜 사람을 가까이하면 물들기 쉬움
- 錦上添花(금상첨화) : 비단옷 위에 꽃을 더함. 곧 훌륭한 것이 더 한층 훌륭해짐
- 難兄難弟(난형난제) : 인물이나 사물의 우열을 가리기 어려움
- 南柯一夢(남가일몽) : 덧없는 꿈 또는 허무한 한때의 부귀영화(富貴榮華)
- 南橘北枳(남귤북지) : 강남의 귤나무를 강북에 옮겨 심으면 탱자나무로 변함. 환경에 따라 착하게도 되고 악하게도 됨
- 弄瓦之慶(농와지경) : 딸을 낳은 기쁨 또는 딸을 낳는 일
- 弄璋之慶(농장지경) : 아들을 낳은 기쁨 또는 아들을 낳는 일
- 累卵之勢(누란지세) : 포개어 놓은 달걀같이 매우 위험한 상태

- 斷機之戒(단기지계) : 학업을 중지해서는 안 됨을 경계할 때 쓰는 말
- 螳螂拒轍(당랑거철) : 약한 자가 분수도 모르고 강자에게 덤벼듦
- 大同小異(대동소이) : 거의 같고 조금 다르다는 말로 별로 다름이 없음
- 同價紅裳(동가홍상) : 같은 값이면 다홍치마
- 同病相憐(동병상련) : 어려운 처지의 사람끼리 서로 도움
- 凍足放尿(동족방뇨) : 잠깐은 좀 낫지만 크게 이로움이 못 됨 → 언 발에 오줌 누기
- 麥秀之歎(맥수지탄) : 나라의 멸망을 한탄함 → 黍離之歎(서리지탄)
- 矛盾之說(모순지설) : 말의 앞뒤가 맞지 않는 것 → 矛盾(모순)
- 目不識丁(목불식정) : 丁자 같은 쉬운 글자를 식별하지 못함. 낫 놓고 'ㄱ'자도 모름
- 尾生之信(미생지신) : 신의가 굳음. 우직하여 융통성이 없음을 이르는 말
- 反哺之孝(반포지효) : 자식이 부모가 길러 준 은혜를 갚는 효성
- 百年河淸(백년하청) : 아무리 기다려도 성공하기 어려움
- 百折不屈(백절불굴) : 실패를 거듭해도 뜻을 꺾지 않음
- 四君子(사군자) : 매화(梅), 난초(蘭), 국화(菊), 대나무(竹)
- 四面楚歌(사면초가) : 사면을 적에게 포위당하여 고립상태에 빠짐
- 事必歸正(사필귀정) : 무슨 일이든지 결국 바르게 처리됨
- 死後藥方文(사후약방문) : 때가 이미 늦었음
- 塞翁之馬(새옹지마) : 사람의 행·불행은 예측할 수 없는 것으로, 화가 복이 되기도 하고 이익이 손해가 되기도 함 → 轉禍爲福(전화위복)
- 雪上加霜(설상가상) : 눈 위의 서리. 불행이 거듭 생겨남 ↔ 錦上添花(금상첨화)
- 小貪大失(소탐대실) : 작은 이익에 욕심을 내어 큰 이익을 놓침
- 首丘初心(수구초심) : 여우가 죽을 때 제가 살던 언덕으로 머리를 둠. 고향이나 근본을 잊지 않음
- 手不釋卷(수불석권) : 손에서 책을 놓지 않음. 곧 열심히 공부함
- 水魚之交(수어지교) : 고기와 물처럼 친한 사이
- 守株待兎(수주대토) : 나무 그루터기를 지키며 토끼를 기다림. 시류에 따른 응변의 조처를 못함
- 脣亡齒寒(순망치한) : 입술이 없으면 이가 시림. 가까운 사이에서 하나가 망하면 다른 하나도 바로 위험에 직면하게 됨 → 脣齒之國(순치지국)
- 識字憂患(식자우환) : 학식이 있는 것이 도리어 근심을 사게 됨. 아는 게 병, 모르는 게 약
- 十匙一飯(십시일반) : 열사람이 한 술씩 보태면 1인분의 한 끼의 식사가 된다는 뜻으

로, 여러 사람이 조금씩 합하면 한 사람을 충분히 도울 수 있음을 비유

- 我田引水(아전인수) : 내 논에 물을 끌어대기. 자기 형편에 좋도록만 생각하거나 행동함
- 雅致高節(아치고절) : 아담한 풍치와 높은 절개. '매화'의 속칭
- 安分知足(안분지족) : 편한 마음으로 제 분수를 지키며 만족함을 앎
- 梁上君子(양상군자) : 들보 위의 군자. 곧 도둑, 쥐
- 漁父之利(어부지리) : 쌍방이 싸우는 틈에 제삼자가 힘들이지 않고 이익을 얻음
- 易地思之(역지사지) : 처지를 바꾸어서 생각해 봄
- 緣木求魚(연목구어) : 나무에서 물고기를 구하듯 불가능한 일을 무리하게 하려고 함
- 寤寐不忘(오매불망) : 자나깨나 잊지 못함
- 烏飛梨落(오비이락) : 까마귀 날자 배 떨어진다. 남의 혐의를 받기 쉬운 우연의 일치
→ 瓜田不納履(과전불납리), 李下不整冠(이하부정관)
- 傲霜孤節(오상고절) : 서릿발 속에서도 굽히지 않고, 외로이 지키는 절개. '국화'의 비유
- 五十步百步(오십보백보) : 근소한 차이 → 大同小異(대동소이)
- 吳越同舟(오월동주) : 오나라 사람과 월나라 사람이 한 배에 탐. 곧 사이가 나쁜 사람이 공통의 곤란을 당하여 서로 협력함 → 同舟相救(동주상구)
- 玉石俱焚(옥석구분) : 옥과 돌, 즉 선인과 악인이 함께 재앙을 당함
- 溫故知新(온고지신) : 옛 것을 익혀 새 것을 깨달음
- 牛耳讀經(우이독경) : 소 귀에 경 읽기
- 有備無患(유비무환) : 미리 대비함이 있어야 근심이 없음 → 居安思危(거안사위)
- 類類相從(유유상종) : 같은 패끼리 서로 왕래하여 상종함 → 草綠同色(초록동색)
- 以心傳心(이심전심) : 마음과 마음이 서로 말없이 통함
- 一魚濁水(일어탁수) : 한 마리의 고기가 물을 흐림
- 一場春夢(일장춘몽) : 한바탕의 봄꿈. 덧없는 부귀영화
- 自家撞着(자가당착) : 자기의 언행이 전후가 맞지 않음 → 矛盾(모순)
- 自强不息(자강불식) : 스스로 쉬지 않고 줄곧 힘씀
- 張三李四(장삼이사) : 중국에서 가장 흔한 장씨의 셋째 아들과 이씨의 넷째 아들. 곧 평범한 사람
- 賊反荷杖(적반하장) : 도둑이 도리어 매를 들고 대듦
- 輾轉反側(전전반측) : 누워 이리저리 뒤척이며 잠을 이루지 못함 → 輾轉不寐(전전불매)
- 轉禍爲福(전화위복) : 재앙이 도리어 복이 됨
- 切磋琢磨(절차탁마) : 옥돌을 다듬듯 학문과 덕행을 갈고 닦음

- 頂門一鍼(정문일침) : 정수리에 놓는 침. 남의 결점을 똑바로 찌른 따끔한 비판 → 寸鐵殺人(촌철살인), 正鵠(정곡)
- 井底之蛙(정저지와) : 우물 안 개구리. 세상 물정에 어둡고 시야가 좁음
- 朝令暮改(조령모개) : 아침에 명을 내리고 저녁에 바꿈. 법령이 빈번하게 바뀜
- 朝三暮四(조삼모사) : 아침에 세 개, 저녁에 네 개. 말재간으로 남을 속임
- 坐井觀天(좌정관천) : 우물에 앉아 하늘을 봄. 곧 견문이 썩 좁음
- 走馬加鞭(주마가편) : 달리는 말에 채찍질함. 즉 열심히 일하는 사람을 더욱 편달함
- 進退維谷(진퇴유곡) : 앞으로 나아갈 수도 뒤로 물러날 수도 없는 어려운 처지
- 滄海一粟(창해일속) : 창해 속의 한 알의 좁쌀 같이 보잘것 없음
- 千慮一失(천려일실) : 슬기로운 사람도 천 가지 생각 중 한 가지 실수는 있음
- 天崩之痛(천붕지통) : 하늘이 무너지는 듯한 슬픔. 임금이나 아버지를 잃은 슬픔
- 靑出於藍(청출어람) : 제자가 스승보다 낫다는 말
- 焦眉之急(초미지급) : 눈썹이 타들어가는 매우 다급한 지경
- 七顚八起(칠전팔기) : 실패를 거듭하여도 굴하지 않고 다시 일어섬
- 針小棒大(침소봉대) : 바늘같이 작은 일을 곤봉같이 크게 말함
- 兎死狗烹(토사구팽) : 토끼가 죽고 나면 사냥개도 필요 없게 되어 삶아 먹히게 됨
- 破竹之勢(파죽지세) : 대(竹)를 쪼개는 것 같은 거침없는 기세
- 表裏不同(표리부동) : 겉과 속이 다름
- 風樹之歎(풍수지탄) : 부모가 이미 세상을 떠나 효도를 할 수 없음을 한탄함
- 下石上臺(하석상대) : 아랫돌을 빼서 윗돌을 굄. 곧 임시변통으로 이리저리 둘러맞춤
- 鶴首苦待(학수고대) : 학의 목처럼 길게 늘여 고대함. 곧 몹시 기다림
- 懸河之辯(현하지변) : 물 흐르듯 거침없이 잘하는 말
- 螢雪之功(형설지공) : 고생하면서 꾸준히 학문을 닦음
- 狐假虎威(호가호위) : 남의 권세를 빌려 위세를 부림
- 昏定晨省(혼정신성) : 아침 저녁으로 부모의 안부를 물어 살피는 효도
- 膾炙人口(회자인구) : 고기를 회친 것과 구운 것처럼 널리 사람들의 입에 오르내리는 것. 좋은 글귀가 여러 사람들에게 자주 인용됨
- 會者定離(회자정리) : 만나면 언젠가는 헤어지게 됨. 인생의 무상함 → 生者必滅(생자필멸)
- 後生可畏(후생가외) : 후배들이 선배들보다 나아질 가망이 많기 때문에 나중에 두려운 존재가 될 수 있다는 말

예상문제풀이

1 다음 ( )에 들어갈 漢字를 보기에서 찾아 그 番號를 써서 漢字語를 만드시오.

㉠ 倍	㉡ 案	㉢ 熱	㉣ 給	㉤ 活
㉥ 風	㉦ 話	㉧ 去	㉨ 休	㉩ 擧

① 馬耳東(　　)　② 自(　　)自足
③ 觀光(　　)內　④ 奉仕(　　)動
⑤ 選(　　)集會

2 다음 ( )에 들어갈 漢字를 보기에서 찾아 그 番號를 써서 成語를 만드시오.

㉠ 合	㉡ 傳	㉢ 正	㉣ 庭	㉤ 橋
㉥ 交	㉦ 口	㉧ 九	㉨ 河	㉩ 夏

① 以心(　　)心　② 家(　　)教育
③ 道路(　　)通　④ 有(　　)無言
⑤ 春(　　)秋冬

3 다음 ( ) 속에 들어갈 漢字를 보기에서 찾아 그 番號를 써서 成語를 만드시오.

㉠ 社	㉡ 長	㉢ 行	㉣ 米	㉤ 日
㉥ 通	㉦ 上	㉧ 庭	㉨ 半	㉩ 的

① 孝(　　)少年　② 家(　　)學習
③ 世(　　)萬事　④ 交(　　)當番
⑤ 信用(　　)會

정답 및 해설

1. ① ㉥ 風(馬耳東風 마이동풍 : 남의 말을 귀 담아 듣지 않고 곧 흘려 버림)
② ㉣ 給(自給自足 자급자족 : 자기의 수요를 자기가 생산하여 충당함(給:줄 급))
③ ㉡ 案(觀光 : 볼 관, 빛 광/案內 : 책상 안, 안 내)
④ ㉤ 活(奉仕活動 : 받들 봉, 섬길 사, 살 활, 움직일 동)
⑤ ㉩ 擧(選擧 : 가릴 선, 들 거/集會 : 모일 집, 만날 회)

2. ① ㉡ 傳(以心傳心 이심전심 : 마음으로 마음에 전함)
② ㉣ 庭(家庭教育 : 집 가, 뜰 정, 가르칠 교, 기를 육)
③ ㉥ 交(道路 : 길 도, 길 로/交通 : 교차할 교, 통할 통)
④ ㉦ 口(有口無言 유구무언 : 변명할 말이 없음)
⑤ ㉩ 夏(春夏秋冬 춘하추동 : 봄, 여름, 가을, 겨울)

3. ① ㉢ 行(孝行 : 효도 효, 행할 행/少年 : 젊을 소, 해 년)
② ㉧ 庭(家庭學習 : 집 가, 뜰 정, 배울 학, 익힐 습)
③ ㉦ 上(世上萬事 : 세상 세, 위 상, 일만 만, 일 사)
④ ㉥ 通(交通 : 교차할 교, 통할 통/當番 : 마땅 당, 차례 번)
⑤ ㉠ 社(信用 : 믿을 신, 쓸 용/社會 : 단체 사, 만날 회)

4 다음 ( ) 속에 들어갈 알맞은 漢字를 보기에서 찾아 그 번호를 쓰시오.

| ㉠ 日 | ㉡ 不 | ㉢ 長 | ㉣ 口 | ㉤ 成 |
| ㉥ 民 | ㉦ 休 | ㉧ 便 | ㉨ 庭 | |

① 一( )二言   ② 市( )公園
③ 一( )一短   ④ 家( )教育
⑤ 時調白( )場

정답 및 해설

4. ① ㉣ 口(一口二言 일구이언 : 한 입으로 두 말을 한다)
   ② ㉥ 民(市民公園 : 저자 시, 백성 민, 공변될 공, 동산 원)
   ③ ㉢ 長(一長一短 : 긴 장, 짧을 단)
   ④ ㉨ 庭(家庭敎育 가정교육 : 집에서 가르치는 교육)
   ⑤ ㉠ 日(時調 : 때 시, 고를 조 / 白日場 : 백일장 : 옛 시조 짓기를 겨루는 장)

5 다음 ( )에 들어갈 漢字를 보기에서 찾아 그 번호를 쓰시오.

| ㉠ 中 | ㉡ 分 | ㉢ 二 | ㉣ 夏 |
| ㉤ 家 | ㉥ 西 | ㉦ 長 | ㉧ 成 |

① 春( )秋冬   ② 東( )南北
③ 百發百( )   ④ 一( )一短

5. ① ㉣ 夏(春夏秋冬 춘하추동 : 봄, 여름, 가을, 겨울)
   ② ㉥ 西(東西南北 동서남북 : 동, 서, 남, 북. 사방향)
   ③ ㉠ 中(百發百中 백발백중 : 열 발을 쏘고 그것을 다 맞춤)
   ④ ㉦ 長(一長一短 일장일단 : 장점과 단점)

6 다음 成語의 빈칸을 채워 成語를 완성하시오.

① 山川( )木   ② 淸風明( )
③ 特別( )室   ④ 十中八( )

6. ① 草(山川草木 산천초목 : 자연, 우리 강산)
   ② 月(淸風明月 청풍명월 : 깨끗한 바람과 밝은 달, 즉 우리 강산)
   ③ 敎(特別敎室 특별교실 : 어떤 목적하에 만들어진 수업이나, 반)
   ④ 九(十中八九 십중팔구 : 열 중 여덟, 아홉)

7 다음 낱말의 빈칸에 들어갈 알맞은 漢字를 보기에서 골라 그 번호를 쓰시오.   제 13 회 6급 출제

| ㉠ 口 | ㉡ 平 | ㉢ 重 | ㉣ 北 |
| ㉤ 邑 | ㉥ 秋 | ㉦ 動 | ㉧ 草 |

① 東西南( )   ② 區郡( )面
③ 世界( )和   ④ 特別活( )

7. ① ㉣ 北(東西南北 동서남북 : 사방위)
   ② ㉤ 邑(區郡邑面 구군읍면 : 지역 단위)
   ③ ㉡ 平(世界平和 세계평화 : 세계가 전쟁이나 분쟁이 없이 평화로움)
   ④ ㉦ 動(特別活動 특별활동 : 수업 외에 받는 특별 수업활동)

8 다음 빈칸에 들어갈 적당한 漢字를 골라 그 번호를 쓰시오.

① 市郡區( ) : ㉠ 江 ㉡ 邑 ㉢ 中 ㉣ 出

8. ① ㉡ 邑(市郡區邑 : 저자 시, 고을 군, 지역 구, 고을 읍)
   ② ㉠ 用(信用社會 : 믿을 신, 쓸 용, 단체 사, 만날 회)
   ③ ㉢ 算(計算書 : 셈 계, 셈 산, 문서 서)
   ④ ㉡ 代(現代美術 : 나타날 현, 대 대, 아름다울 미, 재주 술)

② 信(　　)社會 : ㉠ 用　㉡ 反　㉢ 分　㉣ 共
③ 計(　　)書 : ㉠ 讀　㉡ 等　㉢ 算　㉣ 音
④ 現(　　)美術 : ㉠ 堂　㉡ 代　㉢ 各　㉣ 高

9 다음 밑줄 친 한글을 한자로 쓰시오.

① 세 <u>청</u>年이 이야기를 하고 있다.　　(　　)
② 3학년 2반 敎<u>실</u>은 2층에 있다.　　(　　)
③ 어제 四<u>촌</u> 동생과 백화점에 갔다.　　(　　)

10 다음 (　　) 안에 들어갈 알맞은 한자를 보기에서 골라 번호를 쓰시오.

| ㉠ 通　㉡ 野　㉢ 道　㉣ 風　㉤ 圖 |

① 야(　　)生 동물의 생활은 언제나 재미있다.
② 우리나라는 太풍(　　) 피해가 별로 없다.
③ 地도(　　)를 보는 법을 사회시간에 배웠다.

11 다음 (　　) 안에 알맞은 漢字를 보기에서 찾아 그 번호를 쓰시오.

| ㉠ 生　㉡ 順　㉢ 術　㉣ 新　㉤ 面　㉥ 方 |

① 四(　　)으로 퍼진 가지는 한여름이면 시원한 그늘을 만들어 준다.
② 우리들도 先(　　)님 놀이를 하였다.
③ 나는 美(　　)시간에 동생을 그렸다.

12 다음 단어의 (　　) 속에 알맞은 漢字를 쓰시오. (略字로 써도 좋음)

① 馬耳東(　　) : 남의 말을 귀담아 듣지 아니하고 지나쳐 흘려버림
② 見物(　　)心 : 실물을 보면 욕심이 생긴다는 말
③ 百(　　)百中 : 백번 쏘아 백번 맞힘

정답 및 해설

9. ① 靑(靑年 : 푸를 청, 해 년)
② 室(敎室 : 가르칠 교, 집 실)
③ 寸(四寸 : 넉 사, 마디·촌수 촌)

10. ① ㉡ 野(野生 : 들 야, 살 생)
② ㉣ 風(太風 : 클 태, 바람 풍)
③ ㉤ 圖(地圖 : 땅 지, 그림 도)

11. ① ㉥㉤ 方, 面(四方 : 넉 사, 방위 방 / 四面 : 넉 사, 낯 면)
② ㉠ 生(先生 : 먼저 선, 살 생)
③ ㉢ 術(美術 : 아름다울 미, 재주 술)

12. ① 風(馬耳東風 마이동풍 : 말 마, 귀 이, 동녘 동, 바람 풍)
② 生(見物生心 견물생심 : 볼 견, 물건 물, 날 생, 마음 심)
③ 發(百發百中 백발백중 : 일백 백, 쏠 발, 일백 백, 가운데 중)
④ 夕(一朝一夕 일조일석 : 한 일, 아침 조, 한 일, 저녁 석)
⑤ 農(士農工商 사농공상 : 선비 사, 농사 농, 장인 공, 장사 상)

④ 一朝一(　　　) : 짧은 시간(하루 아침이나 하루 저녁)
⑤ 士(　　　)工商 : 선비, 농부, 공장(工匠), 상인 등 모든 계급의 백성

13 다음 빈칸에 들어갈 알맞은 漢字를 보기에서 골라 그 번호를 쓰시오.

| ㉠ 千 | ㉡ 答 | ㉢ 高 | ㉣ 萬 |
| ㉤ 苦 | ㉥ 冬 | ㉦ 省 | ㉧ 南 |

① (　　　)民平等　　② 自問自(　　　)
③ 春夏秋(　　　)　　④ 同(　　　)同樂

14 다음 빈칸에 들어갈 알맞은 漢字를 보기에서 골라 그 번호를 쓰시오.

| ㉠ 正 | ㉡ 運 | ㉢ 先 | ㉣ 明 | ㉤ 族 |
| ㉥ 古 | ㉦ 昨 | ㉧ 表 | ㉨ 記 | ㉩ 洋 |

① 추석은 民(　　　)의 명절이다.
② 太平(　　　)에서 우리의 꿈을 펼쳐 보자.
③ 가을(　　　)動會가 맑은 하늘 아래 열렸다.
④ (　　　)年에 이어 올해도 풍년이다.
⑤ 나는 우리 학교의 음악發(　　　)會에 참석하겠다.

15 다음 빈칸에 들어갈 漢字를 보기에서 골라 쓰시오.

| 商 | 河 | 自 | 風 | 名 |

① 有(　　　)無實　　② 馬耳東(　　　)
③ 百年(　　　)淸　　④ 自給(　　　)足

16 다음 漢字의 한글부분에 맞는 낱말을 보기에서 골라 쓰시오.

| 打算 | 前者 | 養成 | 電子 | 良性 |

정답 및 해설

13. ① ㉣ 萬(萬民平等 만민평등 : 이 세상 사람은 모두 평등하다.)
② ㉡ 答(自問自答 자문자답 : 스스로 묻고 스스로 답을 얻음)
③ ㉥ 冬(春夏秋冬 춘하추동 : 봄, 여름, 가을, 겨울)
④ ㉤ 苦(同苦同樂 동고동락 : 같이 고생하고 같이 즐김)

14. ① ㉤ 族(民族 : 백성 민, 겨레 족)
② ㉩ 洋(太平洋 : 클 태, 평평할 평, 큰바다 양)
③ ㉡ 運(運動會 : 움직일 운, 움직일 동, 모일 회)
④ ㉦ 昨(昨年 : 어제 작, 해 년)
⑤ ㉧ 表(發表會 : 필 발, 겉 표, 모일 회)

15. ① 名(有名無實 유명무실 : 이름은 번지르르하나 득실이 없음)
② 風(馬耳東風 마이동풍 : 남의 말을 귀담아 듣지 않고 곧 흘려버림)
③ 河(百年河淸 백년하청 : 기약 없는 일을 한정없이 기다림(河 : 물 하, 淸 : 푸를 청))
④ 自(自給自足 자급자족 : 스스로 만들어 스스로 충족함)

16. ① 養成(人才養成 인재양성 : 실력이 좋은 사람을 가르치고 기름)
② 打算(利害打算 이해타산 : 이득과 손실을 짐작해 봄)
③ 電子(電子工學 전자공학 : 전자에 관한 연구를 하는 학문)

① 人才양성(　　　) ② 利害타산(　　　)
③ 전자工學(　　　)

17 빈칸에 들어갈 알맞은 漢字를 골라 그 번호를 쓰시오.
① 새로운 學(　　) : ㉠ 門 ㉡ 物 ㉢ 聞 ㉣ 問
② 남녀 (　　)用 : ㉠ 合 ㉡ 公 ㉢ 共 ㉣ 工

18 다음 글을 읽고 빈칸에 들어갈 알맞은 漢字를 골라 그 번호를 쓰시오.
① '여기저기'를 가리킬 때 四方(　　)方 이라고 합니다. : ㉠ 五 ㉡ 七 ㉢ 八 ㉣ 十
② '한 입으로 두 말 한다'는 뜻으로 一口二(　　) 이라고 합니다. : ㉠ 語 ㉡ 話 ㉢ 對 ㉣ 言
③ 물려받은 재산없이 스스로의 힘으로 어엿한 한 살림을 이루는 일을 '自(　　)成家'라고 합니다. : ㉠ 植 ㉡ 手 ㉢ 作 ㉣ 始
④ 세상의 온갖 고난을 겪은 경험을 말할 때, '山(　　)水(　　)을 다 겪었다'라고 말합니다. : ㉠ 戰 ㉡ 前 ㉢ 行 ㉣ 路

19 다음 글을 읽고 빈칸에 들어갈 알맞은 漢字를 골라 그 번호를 쓰시오.
① '후손들의 오랜 세대'를 子孫萬(　　)라고 한다. : ㉠ 民 ㉡ 代 ㉢ 世 ㉣ 人
② '산과 풀과 내와 나무'를 山(　　)草木이라 한다. : ㉠ 千 ㉡ 水 ㉢ 村 ㉣ 川
③ 오륜(五倫)의 하나로, '아버지와 아들 사이의 도(道)는 친함에 있다'는 말을 父子有(　　) 이라고 한다. : ㉠ 道 ㉡ 信 ㉢ 親 ㉣ 孝

20 다음 빈칸에 들어갈 漢字를 보기에서 골라 쓰시오.

| 族 | 問 | 明 | 命 | 親 |

정답 및 해설

17. ① ㉣ 問(學問 : 배울 학, 물을 문 : 배움의 분야)
　　② ㉢ 共(共用 : 한가지 공, 쓸 용 : 함께 씀)

18. ① ㉢ 八(四方八方 : 사방팔방)
　　② ㉣ 言(一口二言 : 일구이언)
　　③ ㉡ 手(自手成家 : 자수성가)
　　④ ㉠ 戰(山戰水戰 : 산전수전)

19. ① ㉡ 代(子孫萬代 : 자손만대)
　　② ㉣ 川(山川草木 : 산천초목)
　　③ ㉢ 親(父子有親 : 부자유친)

20. ① 明(公明正大 공명정대 : 정직하고 바름)
　　② 命(人命在天 인명재천 : 사람의 목숨은 하늘에 달려 있다)
　　③ 問(自問自答 자문자답 : 스스로 묻고 스스로 답을 얻음)
　　④ 親(父子有親 부자유친 : 아버지와 자식 사이의 도)
　　⑤ 族(白衣民族 백의민족 : 우리 민족을 일컫는 말)

① 公(　　)正大　　② 人(　　)在天
③ 自(　　)自答　　④ 父子有(　　)
⑤ 白衣民(　　)

21 다음 빈칸에 들어갈 漢字를 보기에서 골라 쓰시오.

習　信　活　九　三　軍　土　身　百　集

① 自己自(　　)　　② (　　)合時間
③ 國(　　)勇士　　④ 家庭學(　　)
⑤ (　　)死一生

22 다음 각 낱말과 짝이 가장 잘 맞는 漢字를 보기에서 골라 쓰시오.

作業　　計算　　家長　　交通

① 電子(　　)　　② 少年(　　)
③ 共同(　　)　　④ 道路(　　)

23 다음 각 빈칸에 알맞은 漢字를 보기에서 골라 쓰시오.

大　族　化　敎　草　花　代　成　生　和

① 自由平(　　)　　② 山川(　　)木
③ 白衣民(　　)　　④ 子孫萬(　　)
⑤ 國語(　　)育

24 다음 각 낱말과 짝이 네 글자로 될 말을 보기에서 골라 그 기호를 쓰시오.

㉠ 秋冬　㉡ 民族　㉢ 童話　㉣ 時間　㉤ 平和

① 名作(　　)　　② 世界(　　)
③ 春夏(　　)　　④ 白衣(　　)
⑤ 自習(　　)

정답 및 해설

21. ① 身(自己自身 자기자신 : 자신)
② 集(集合時間 집합시간 : 모일 시간)
③ 軍(國軍勇士 국군용사 : 군인)
④ 習(家庭學習 가정학습 : 집에서 배우는 공부)
⑤ 九(九死一生 구사일생 : 겨우 살아남)

22. ① 計算(電子計算 전자계산 : 전자계산기)
② 家長(少年家長 소년가장 : 어린이가 집의 가장 역할을 함)
③ 作業(共同作業 공동작업 : 여럿이 함께 하는 작업)
④ 交通(道路交通 도로교통 : 도로의 질서를 지키기 위한 교통질서)

23. ① 和(自由平和 자유평화 : 자유와 평화)
② 草(山川草木 산천초목 : 산, 강, 풀, 나무, 즉 우리 강산)
③ 族(白衣民族 백의민족 : 우리 민족)
④ 代(子孫萬代 자손만대 : 자손 대대)
⑤ 敎(國語敎育 국어교육 : 우리나라 말을 가르침)

24. ① ㉢(名作童話 명작동화 : 유명한 동화)
② ㉤(世界平和 세계평화 : 세계의 평화)
③ ㉠(春夏秋冬 춘하추동 : 봄, 여름, 가을, 겨울)
④ ㉡(白衣民族 백의민족 : 우리 민족)
⑤ ㉣(自習時間 자습시간 : 스스로 공부하는 시간)

공무원 기출문제집

서원각 기출문제집으로 시험 출제경향 파악하자!

▲ 기출문제 정복하기

전 직렬 공통 필수과목
일반행정직
사회복지직
교육행정직

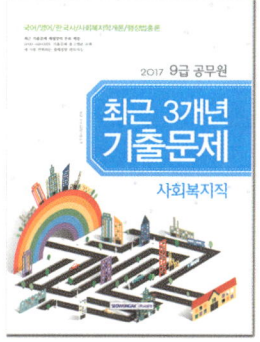

▲ 최근 3개년 기출문제

필수과목/행정직
교육행정직/사회복지직

▲ 최근 5개년 기출문제

국어/영어/한국사/사회
행정법총론/행정학개론
교육학개론

▲ 최근 10개년 기출문제

국어/영어/한국사/사회
행정법총론/행정학개론
교육학개론

▲ 문제만 담았다!

영어/한국사/사회
행정법총론/행정학개론
교육학개론

▲ 해설만 담았다!

국어/영어/한국사/사회
행정법총론/행정학개론
교육학개론

▲ 기출문제 정복하기

9급 건축직/7급 건축직/
기계직

▲ 서울시 공무원

필수과목 기출문제 정복하기

네이버 카페 검색창에서 '공무공부'를 검색하셔서 네이버 카페 공무공부에 가입하시면 각종 시험 정보를 보실 수 있습니다.

상식키우기

서원각과 함께하는 상식키우기!

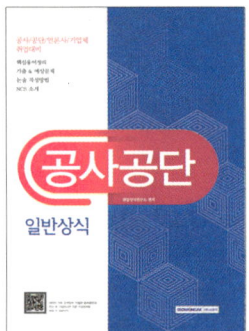
▲ 공사공단 일반상식

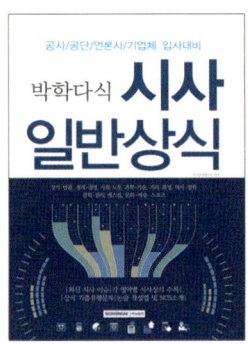
▲ 시사일반상식

▲ MAC을 짚어 주는 시사일반상식

▼ 공사/시사 일반상식

정치·법률, 경제·경영, 사회·노동, 과학·기술, 지리·환경, 세계사·철학, 문학·한자, 매스컴, 문화·예술·스포츠 관련 상식을 중요한 것만 모아 수록하였다.

▲ 공기업/공공기관 채용 빈출 일반상식

▼ 공기업/공공기관 채용 시리즈

공기업과 공공기관 채용시험에 나올 법한 상식만을 모았다! 정치·법률, 경제·경영, 사회·노동, 과학·기술, 지리·환경, 세계사·철학, 문학·한자, 매스컴, 문화·예술·스포츠 관련 상식을 중요한 것만 모아 수록하였다. 또한 한국사의 기출유형문제를 정리하여 포함하였다.

빈출 일반상식 - 중요 시사상식 및 빈출용어 수록
간추린 일반상식 - 출제가 예상되는 문제와 해설 수록

▲ 경제용어사전

▲ 부동산용어사전

▼ 한눈에 쏙! 시리즈

경제용어사전 - 단기간에 완성하는 경제용어 및 금융상식
시사용어사전 - 시사용어 및 시사 상식을 한눈에 쏙
부동산용어사전 - 부동산과 관련된 핵심 용어를 쉽고 간결하게 정리